Maravillas

MI LIBRO DE LECTURA Y ESCRITURA

McGraw Hill

mheducation.com/prek-12

Send all inquiries to:
McGraw-Hill Education
Two Penn Plaza
New York, New York 10121

ISBN: 978-0-07-702838-1
MHID: 0-07-702838-4

Printed in the United States of America.

8 9 LON 25

B

¡Bienvenidos a Maravillas!

Lee textos apasionantes de **Literatura**, **Ciencias** y **Estudios Sociales**.

- ★ **APRENDE** acerca del mundo que te rodea.
- ★ **PIENSA**, **HABLA** y **ESCRIBE** sobre géneros literarios.
- ★ **COLABORA** en charlas e investigaciones.
- ★ **¡EXPRÉSATE!**

my.mheducation.com

Con tus datos de acceso podrás leer textos, practicar gramática y ortografía, explorar proyectos de investigación y mucho más.

UNIDAD 1

GÉNERO 1 NARRATIVA DE NO FICCIÓN

ESTUDIOS SOCIALES

GÉNERO 2 FICCIÓN REALISTA

GÉNERO 3 TEXTO ARGUMENTATIVO

CONCLUSIÓN DE LA UNIDAD

Recursos digitales Consulta este libro electrónico y otros recursos en **my.mheducation.com**

UNIDAD 2

GÉNERO 1 TEXTO EXPOSITIVO

ESTUDIOS SOCIALES

GÉNERO 2 FICCIÓN HISTÓRICA

Richard Hutchings/Corbis Documentary/Getty Images

GÉNERO 3 POESÍA

CONCLUSIÓN DE LA UNIDAD

Recursos digitales Consulta este libro electrónico y otros recursos en **my.mheducation.com**

Coméntalo

¿? Pregunta esencial

¿Cómo contribuyen las personas de diferentes culturas a una comunidad?

David comparte su cultura con las personas de su comunidad en un festival de indígenas americanos. Es importante aprender sobre distintas culturas. La comunidad crece cuando las personas comparten sus culturas.

Mira la fotografía. ¿Qué preguntas tienes acerca de lo que ves? Comenta con tu compañero de qué modo la comunidad de David aprende sobre su cultura. Escribe cuatro maneras en la red de palabras.

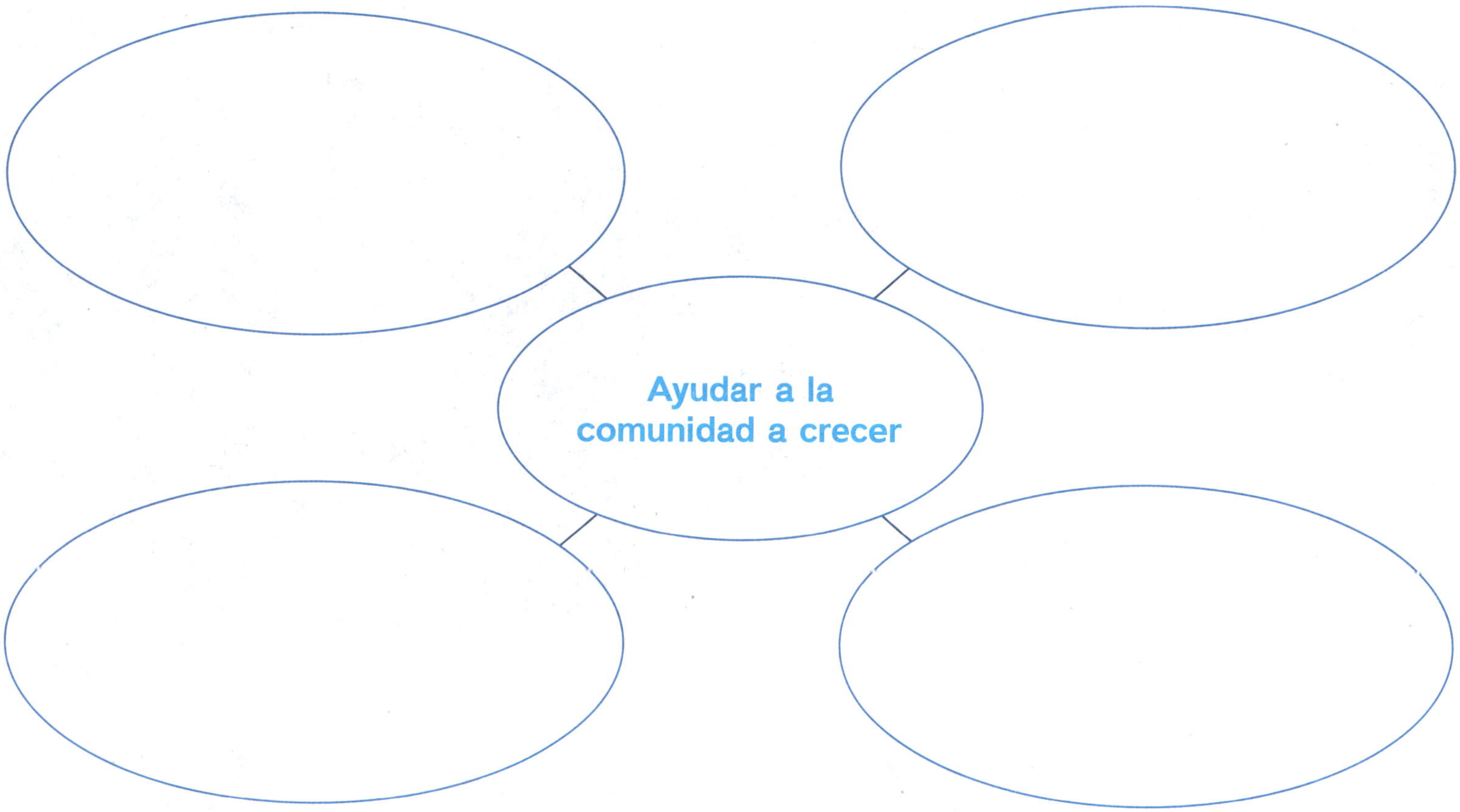

Lee en **mymheducation.com** el *blast* "¿Quién hizo eso?". Piensa en por qué es importante aprender acerca de otras culturas. Respóndelo y envíalo.

Philip Scalia/Alamy Stock Photo

LECTURA COMPARTIDA

TOMA NOTAS

Hacer preguntas antes de leer te ayuda a establecer un propósito para la lectura. También te ayuda a obtener información. Escribe tus preguntas aquí.

____

____

____

Mientras lees, toma nota de:

Palabras interesantes: ________

____

____

Detalles clave: ______________

____

____

____

____

____

Un jardín para todos

Nuestra casa nueva en Portland

Pregunta esencial

¿Cómo contribuyen las personas de diferentes culturas a una comunidad? Lee cómo una familia ayuda a su comunidad a crecer.

Primavera en la ciudad

Me llamo Kiku Sato. La primavera pasada me mudé con mi familia del campo a la ciudad.

La casa nueva en Portland no tenía jardín. Tampoco tenía una porción de tierra, entonces, decidimos hacer un jardín interior. Primero, mamá y papá plantaron semillas en macetas. Luego, las colgaron con portamacetas y, después, pusieron plantas en los estantes. Las enredaderas **tropezaban** con los libros de la **biblioteca**; nuestra casa tenía muchas plantas.

Al principio, me **asustaba** la idea de ir a la escuela y de no encontrar amigos. Pero un día conocí a una compañera: Jill Hernández. Ella y yo **practicábamos** lectura en voz alta. Ella me ayudó a decir su apellido y yo la ayudé a **pronunciar** el mío. Nos hicimos grandes amigas. Pasábamos mucho tiempo juntas.

NARRATIVA DE NO FICCIÓN

BUSCAR EVIDENCIAS

Leer

Párrafo 2

Hacer y responder preguntas

¿Por qué mamá y papá hicieron un jardín interior? **Encierra en un círculo** la evidencia en el texto.

Párrafo 3

Secuencia

Subraya qué ocurre cuando Kiku conoce a Jill. ¿Qué sucede a partir de entonces?

____

____

Mapas

Mira el mapa. **Encierra en un recuadro** el lugar donde vive Kiku.

Releer

Técnica del autor

Vuelve a leer el primer párrafo. ¿Cómo sabes quién narra la historia?

LECTURA COMPARTIDA

BUSCAR EVIDENCIAS

Leer

Párrafo 1

Títulos

Encierra en un recuadro el título. ¿Cómo se siente Jill sobre el jardín interior de mamá y papá?

____

Encierra en un círculo la evidencia en el texto.

Párrafo 2

Secuencia

¿Qué hace mamá antes de agregar agua caliente en el tazón? **Subraya** la evidencia. Escribe dos palabras clave aquí.

____

____

Releer

Técnica del autor

¿De qué modo la ilustración te ayuda comprender el texto?

Una idea para el jardín

Una tarde, Jill vino a casa con su mamá. Observaron nuestras plantas en macetas.

—Jill **admira** su jardín interior. ¡Y a mí me ha dejado boquiabierta! —exclamó la mamá de Jill.

Mi mamá sirvió el té. Primero puso té verde en el tazón. Luego agregó agua caliente y lo revolvió. Le alcanzó el tazón a la mamá de Jill haciendo una reverencia.

Mi abuela en Japón

—Mi madre me enseñó a preparar el té —contó mi mamá—. También me enseñó a cultivar un jardín japonés tradicional. Aprendí a aprovechar al máximo los espacios reducidos.

De pronto, la mamá de Jill sonrió.

—¿Puede ayudarnos con un proyecto? —le preguntó a mamá—. Las personas de la **comunidad** quieren cultivar un jardín. Nuestro terreno es muy pequeño. Y tenemos ganas de plantar muchas cosas.

Mamá miró a papá y ambos dijeron que sí con una reverencia.

NARRATIVA DE NO FICCIÓN

BUSCAR EVIDENCIAS

Leer

Párrafo 1

Hacer y responder preguntas

Piensa en una pregunta sobre la abuela de Kiku. Escríbela aquí.

____

____

____

Subraya la evidencia en el texto que responda a tu pregunta.

Párrafos 3 y 4

Secuencia

Encierra en un círculo qué sucedió después de que la mamá de Jill le preguntó a mamá y papá si podían ayudarla con el jardín comunitario.

Párrafos 3 a 4

Sintetizar información

¿Por qué la mamá de Jill le pide ayuda a la mamá de Kiku? **Encierra en un recuadro** la evidencia en el texto.

LECTURA COMPARTIDA

BUSCAR EVIDENCIAS

Leer

Párrafo 1

Secuencia

Subraya dos cosas que sucedan en orden. Escribe las palabras clave que indican secuencia.

____

____

____

Párrafos 2 y 3

Hacer y responder preguntas

Escribe una pregunta sobre la disposición de las cajas.

____

____

Releer

Técnica del autor

¿Por qué "Nace un jardín" es un buen título para esta sección?

Nace un jardín

Primero tuvimos una reunión con la comunidad. Todos estaban dispuestos a **contribuir**. Algunos llevaron semillas, herramientas y tierra. Al día siguiente, comenzamos a trabajar en el jardín.

Papá construyó unas cajas, que luego llenamos con tierra. Pusimos la caja más alta cerca de la pared, y la más baja al frente.

—Así todas las plantas recibirán la luz del sol, sin hacer sombra a las demás —explicó mamá.

Papá construyendo cajas

Jill y yo plantando semillas

Luego, hicimos un sendero con piedras planas. En Japón, las piedras son una parte importante del jardín. Por último, plantamos las semillas.

Jill y yo trabajamos en el jardín durante todo el verano. Nuestra comunidad cultivó muchas clases de vegetales. Luego, al mediodía, hicimos una comida al aire libre. Mamá llevó una olla grande de miso y un estofado de verduras de nuestro jardín. Todos agradecieron a mis padres. Habían llevado un pedacito de Japón a Portland. Y yo me sentía muy orgullosa.

Resumir

Usa tus notas para pensar en la secuencia de los sucesos en "Un jardín para todos". Resume los sucesos importantes.

NARRATIVA DE NO FICCIÓN

BUSCAR EVIDENCIAS

Leer

Párrafo 1

Secuencia

Subraya qué sucede después de que hacen el sendero de piedras.

Párrafo 2

Palabras compuestas

Encierra en un círculo una palabra compuesta. Escribe lo que significa.

Releer

Técnica del autor

¿Cómo te ayuda el autor a comprender cómo se sienten todos con respecto a mamá y papá?

Fluidez

Túrnate para leer el último párrafo con expresión.

Releer | LECTURA COMPARTIDA

Vocabulario

Con las oraciones que se dan como ejemplo, comenta con un compañero lo que significa cada palabra. Luego, responde las preguntas. Incluye las palabras nuevas en tus respuestas. Esto te ayudará a recordar su significado.

admirar

Mi familia **admira** las buenas calificaciones de mis exámenes.

¿Qué admiras de tus amigos?

---

asustar

Nuestro perro se escondió porque lo **asustaba** la tormenta.

¿Qué haces cuando te asustas?

Tu lista de palabras Vuelve a leer el primer párrafo de la página 6. Encierra en un recuadro *reunión*. En tu cuaderno haz una red con variaciones. Usa el diccionario.

biblioteca

Juan toma libros prestados de la **biblioteca** de la escuela.

Además de libros, ¿qué puedes encontrar en una biblioteca?

---

comunidad

Muchas personas de mi **comunidad** trabajan juntas.

¿Qué te gusta de tu comunidad?

---

contribuir

Mi mamá piensa **contribuir** en la colecta donando ropa.

¿Con qué podrías contribuir tú?

---

practicar

Kyle ha estado **practicando** y ahora sabe tocar muchas canciones.

¿Qué destreza puedes mejorar si practicas?

____

____

pronunciar

Cindy sabe **pronunciar** su nombre en otro idioma.

¿Cómo puedes aprender a pronunciar palabras nuevas?

____

____

tropezar

Marcos se **tropezó** y se cayeron los tomates de la canasta.

¿Qué significa tropezar?

____

____

Palabras compuestas

Una palabra compuesta está formada por dos palabras más pequeñas. Usa los significados de las dos palabras más pequeñas para descubrir el significado de la palabra compuesta.

BUSCAR EVIDENCIAS

Veo la palabra mediodía *en la página 7. Está formada por dos palabras más pequeñas,* medio *y* día. *Sé que* medio *es la mitad de algo. Entonces,* mediodía *significa a la mitad del día, o a las 12:00 a. m.*

Luego, al mediodía, hicimos una comida al aire libre.

Tu turno Descubre el significado de la siguiente palabra compuesta.

portamacetas, página 3______________________

____

Hacer y responder preguntas

Mientras lees, hazte preguntas. Luego, busca detalles que apoyen tu respuesta.

Acuérdate

Hacer preguntas te ayuda a comprender mejor el texto. Mientras lees, detente y hazte preguntas. Vuelve a leer para hallar evidencia en el texto.

BUSCAR EVIDENCIAS

Mira la sección "Primavera en la ciudad", en la página 3. Piensa en una pregunta. Luego, lee para responderla.

Página 3

Primavera en la ciudad

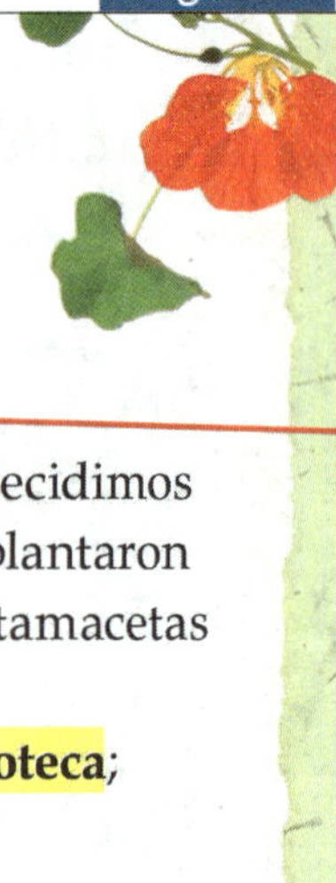

Me llamo Kiku Sato. La primavera pasada me mudé con mi familia del campo a la ciudad.

La casa nueva en Portland no tenía jardín. Tampoco tenía una porción de tierra, entonces, decidimos hacer un jardín interior. Primero, mamá y papá plantaron semillas en macetas. Luego, las colgaron con portamacetas y, después, pusieron plantas en los estantes. Las enredaderas **tropezaban** con los libros de la **biblioteca**; nuestra casa tenía muchas plantas.

Tengo una pregunta. ¿Por qué hay tantas plantas en la casa de Kiku? Leo que no tenían jardín. Los padres plantaron semillas. Puedo responder mi pregunta. A la familia le gustaban las plantas y no tenía espacio para cultivarlas al aire libre.

COLABORA

Tu turno Vuelve a leer el primer párrafo de la página 7. Piensa en una pregunta, por ejemplo: *¿Por qué el papá de Kiku usa piedras planas en el jardín?* Con un compañero, vuelve a leer la sección para hallar la evidencia en el texto. Luego escribe la respuesta.

Títulos y mapas

"Un jardín para todos" es una **autobiografía**. Una autobiografía:

- es un tipo de narración de no ficción.
- cuenta, en orden, la vida de una persona real.
- está escrita por esa persona y usa palabras como *yo, mí* y *me*.
- puede usar elementos del texto, como títulos y mapas.

BUSCAR EVIDENCIAS

Sé que "Un jardín para todos" es una autobiografía. Kiku cuenta su vida real. Usa palabras que indican secuencia, como al principio, luego *y* por último*. También usa palabras como* yo *y* mí*. La narración de Kiku tiene títulos y un mapa.*

De lectores a escritores

Observa los títulos de cada sección de "Un jardín para todos". ¿Cómo te ayudan a comprender el orden de los sucesos?

Cuando escribas, piensa en cómo usar títulos para organizar tus ideas.

Página 3

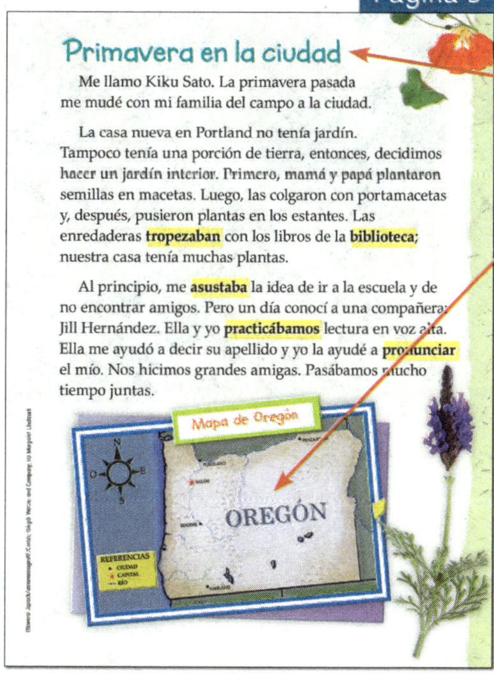

Primavera en la ciudad

Me llamo Kiku Sato. La primavera pasada me mudé con mi familia del campo a la ciudad.

La casa nueva en Portland no tenía jardín. Tampoco tenía una porción de tierra, entonces, decidimos hacer un jardín interior. Primero, mamá y papá plantaron semillas en macetas. Luego, las colgaron con portamacetas y, después, pusieron plantas en los estantes. Las enredaderas **tropezaban** con los libros de la **biblioteca**; nuestra casa tenía muchas plantas.

Al principio, me **asustaba** la idea de ir a la escuela y de no encontrar amigos. Pero un día conocí a una compañera: Jill Hernández. Ella y yo **practicábamos** lectura en voz alta. Ella me ayudó a decir su apellido y yo la ayudé a **pronunciar** el mío. Nos hicimos grandes amigas. Pasábamos mucho tiempo juntas.

Títulos

Los títulos indican el tema principal de la sección.

Mapa

Un mapa es un dibujo plano de un lugar real.

COLABORA

Tu turno Busca las partes de "Un jardín para todos" que indiquen que es una autobiografía. Comenta con tu compañero lo que aprendiste sobre Kiku y su cultura. Luego escribe la respuesta.

____

____

Secuencia

Una secuencia es el orden en el que ocurren los sucesos. Busca palabras como *primero, luego, a continuación* y *por último*. Estas palabras clave muestran el orden de los sucesos.

Acuérdate

Los autores también usan la secuencia en la estructura de sus textos para mostrar los pasos de un proceso. Busca las palabras clave que demuestran el orden de los pasos.

BUSCAR EVIDENCIAS

En esta autobiografía, los sucesos se cuentan en una secuencia. Veo la palabra primero *en "Primavera en la ciudad", en la página 3. Leeré para ver cómo continúa. Buscaré, como ayuda, las palabras que indican secuencia.*

Suceso
Primero, mamá y papá plantaron semillas en macetas.
↓
Suceso
Luego, las colgaron con portamacetas.
↓
Suceso

COLABORA

Tu turno Vuelve a leer la página 6. ¿Cómo ayudaron Kiku y su familia a cultivar el jardín? Anota los pasos en orden en el organizador gráfico.

Suceso

↓

Suceso

↓

Suceso

Releer | LECTURA COMPARTIDA

Responder a la lectura

COLABORA

Responde por escrito la siguiente pregunta. Piensa en el orden de los sucesos en la narración. Consulta tus notas y el organizador gráfico. Incluye vocabulario nuevo en tus respuestas.

¿Cómo cambia Kiku desde el principio de la narración hasta el final?

Acuérdate

Usa estos comienzos de oración para hablar acerca de la pregunta.

Al principio, Kiku era...

Leí que ella...

Al final, Kiku se sentía...

Enlace gramatical

Mientras escribes la respuesta, asegúrate de usar correctamente las mayúsculas en los nombres de las personas y los lugares donde viven. Recuerda que debes escribir oraciones completas.

Integrar | BÚSQUEDA E INVESTIGACIÓN

ESTUDIOS SOCIALES

Usar un mapa

La mayoría de los mapas incluyen elementos como ayuda para entenderlos. La *rosa de los vientos* es un dibujo pequeño en un mapa que indica la dirección. La *referencia* o *leyenda del mapa,* explica los símbolos del mapa.

Observa el mapa. ¿Cuál es la capital del estado?

____

Menciona dos ciudades.

____

Acuérdate

Un símbolo es una figura pequeña. Los pequeños puntos negros en el mapa muestran dónde se encuentran algunas ciudades de Texas.

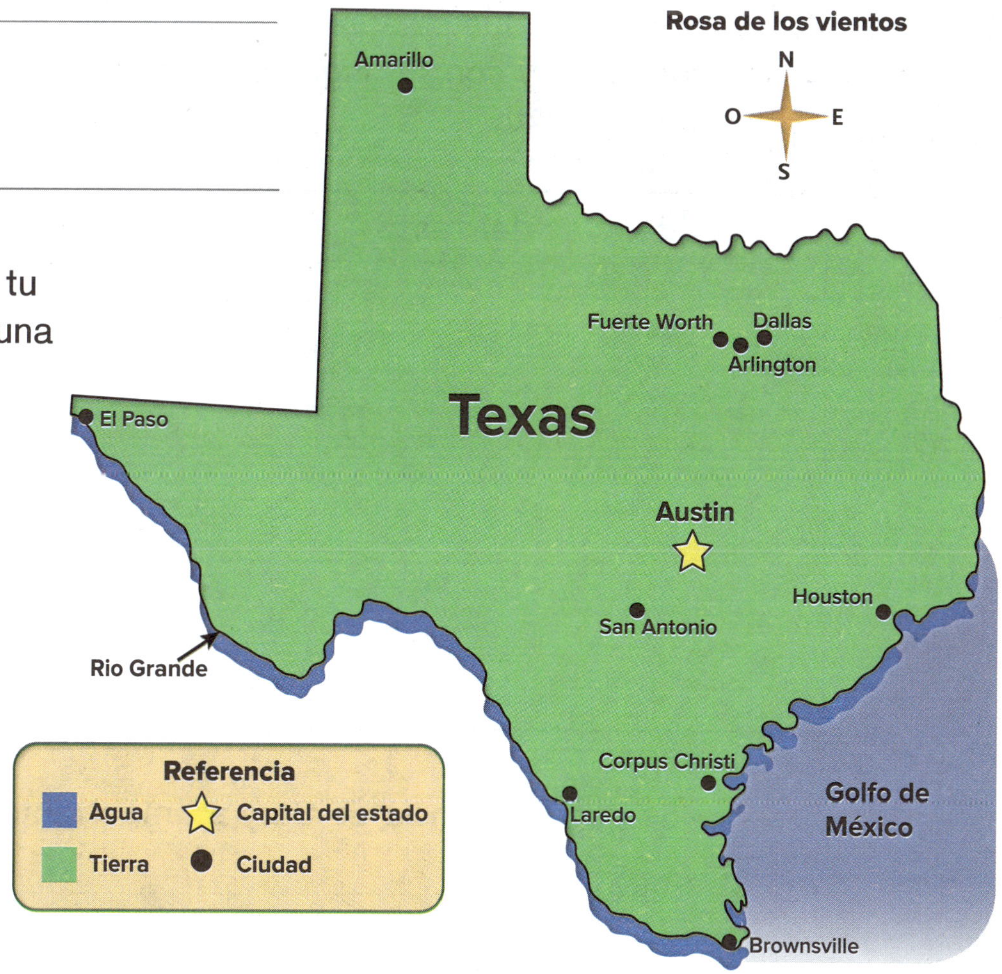

COLABORA

Haz un mapa Elige un lugar de tu comunidad, como un parque o una escuela. Repite estos pasos en voz alta a tu compañero. Síguelos para hacer un mapa.

1. Dibuja el mapa. Marca unos elementos interesantes, como un estanque, una mesa de picnic o la hierba.
2. Haz una referencia/leyenda con al menos dos símbolos.
3. Dibuja una rosa de los vientos.
4. Compártelo.

Releer | TEXTO PRINCIPAL

Gary el soñador

¿Por qué conocer lo que Gary hizo en su infancia es importante para comprender su autobiografía?

Antologíade literatura, páginas 10-21

COLABORA

Coméntalo Vuelve a leer el primer párrafo en la página 13. Conversa con un compañero sobre cómo Gary jugaba con sus juguetes.

Cita evidencias ¿Qué palabras y frases te ayudan a visualizar cómo jugaba Gary con sus juguetes? Escribe en la tabla las evidencias del texto.

Evidencias del texto	Lo que dice

Escribe Sé que la infancia de Gary es importante porque me muestra que ______________________

____

Hacer inferencias

Usa lo que sabes y la evidencia del texto para hacer una inferencia. Hacer una inferencia es como una suposición. ¿Qué inferencia puedes hacer sobre por qué la infancia de Gary es importante?

¿Cómo te ayuda el autor a aprender más sobre su personaje?

COLABORA

Coméntalo Mira las páginas 14 y 15. Conversa con un compañero sobre lo que ves y lo que te cuenta sobre Gary.

Cita evidencias ¿En qué se diferencia Gary de sus compañeros? Escribe las evidencias del texto y explica cómo sabes.

Gary	Sus compañeros	Cómo lo sé

Escribe Gary Soto me ayuda a saber más sobre su vida al

____

____

____

Acuérdate

Puedo usar estos comienzos de oración para hablar sobre Gary.

Leo que...

Puedo usar la ilustración para...

Combinar información

Para comprender mejor el texto, haz una conexión entre lo que ya sabes y lo que leíste acerca de Gary Soto. Conversa acerca de lo que Gary quiere que sepas y por qué.

Releer | **TEXTO PRINCIPAL**

¿Por qué *Gary el soñador* es un buen título para este cuento?

COLABORA

Coméntalo Vuelve a leer la página 21. Comenta lo que observas acerca de la manera en que Gary usa la palabra *soñaba*.

Cita evidencias ¿Cómo usa Gary la palabra *soñaba* para mostrar de qué manera ha cambiado? Escribe las pistas en el diagrama para comparar.

Hacer inferencias

Usa la selección de palabras de Gary Soto para ayudarte a hacer una inferencia sobre el título del cuento. Asegúrate de usar las evidencias del texto para respaldar tus ideas.

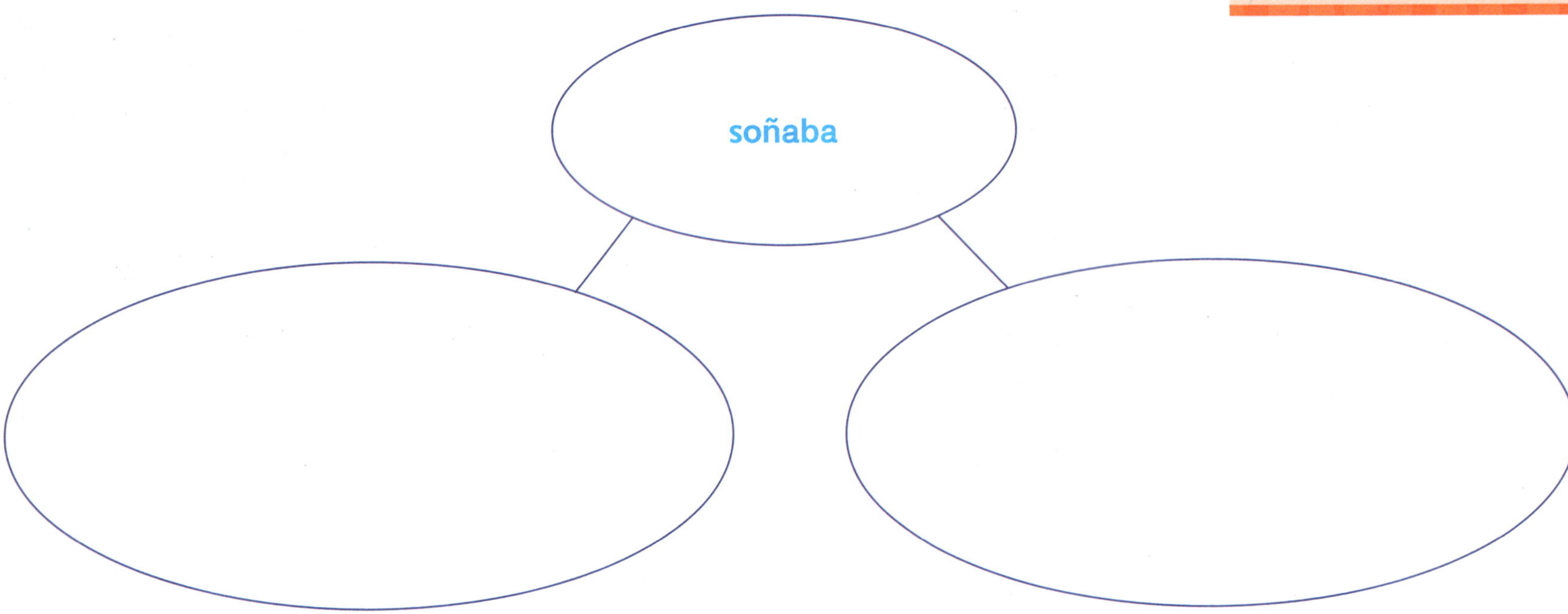

Escribe ***Gary el soñador*** es un buen título para este cuento porque me dice que ____________________

____

____

Responder a la lectura

COLABORA

Comenta esta instrucción. Piensa en cómo las palabras y frases que usa el autor, te ayudan a visualizar los sucesos que este describe. Consulta tus notas y el organizador gráfico.

¿De qué manera Gary Soto muestra cómo sus sueños lo ayudaron a convertirse en autor?

Acuérdate

Usa estos comienzos de oración al hablar sobre Gary Soto.

Gary describe su infancia al...

Comparte sus sueños para ayudarme a...

Al final, Gary escribe...

Mis lecturas

Elige un texto y lee las primeras dos páginas. Si no conoces cinco palabras o más, elige otro texto. Anota en tu cuaderno de escritura el título, el autor y tu propósito de lectura.

Releer | LECTURA COMPLEMENTARIA

Compartir culturas

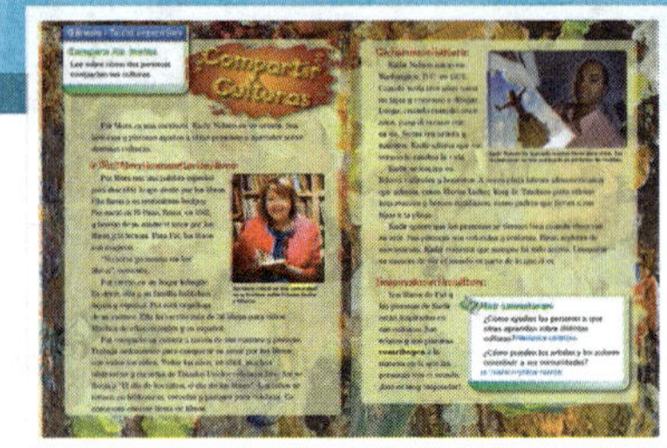

Antología de literatura, páginas 24-25

A Pat Mora le encantan los libros

1 Pat Mora usa una palabra especial para describir lo que siente por los libros. Ella llama a su sentimiento *bookjoy*. Pat nació en El Paso, Texas, en 1942, y heredó de su madre el amor por los libros y la lectura. Para Pat, los libros son mágicos.

2 "No sería yo misma sin los libros", comenta.

3 Pat creció en un hogar bilingüe. Es decir, ella y su familia hablaban inglés y español. Pat está orgullosa de su cultura. Ella ha escrito más de 36 libros para niños. Muchos de ellos en inglés y en español.

4 Pat comparte su cultura a través de sus cuentos y poemas. Trabaja arduamente para compartir su amor por los libros con todos los niños. Todos los años, en abril, muchas bibliotecas y escuelas de Estados Unidos celebran *Día*. Así se llama a "El día de los niños, el día de los libros". Los niños se reúnen en bibliotecas, escuelas y parques para celebrar. Es como una enorme fiesta de libros.

Vuelve a leer y haz anotaciones en el texto siguiendo las instrucciones.

Vuelve a leer los párrafos 1 y 2. ¿De qué manera te ayuda el autor a comprender qué opina Pat Mora acerca de los libros? **Subraya** la evidencia en el texto.

COLABORA

Vuelve a leer los párrafos 3 y 4. Comenta con un compañero acerca de cómo comparte Pat Mora su cultura con los demás. **Encierra en un círculo** la evidencia en el texto.

Recuerda tomar turnos al hablar cuando trabajes con un compañero. Trata de focalizarte en el tópico. Habla claro y presta atención a lo que diga tu compañero.

De héroes e historia

5 Kadir Nelson nació en Washington, D.C. en 1974. Cuando tenía tres años tomó un lápiz y comenzó a dibujar. Luego, cuando cumplió once años, pasó el verano con su tío. Su tío era artista y maestro. Kadir afirma que ese verano le cambió la vida.

6 Kadir se inspira en líderes valientes y honestos. A veces pinta héroes afroamericanos que admira, como Martin Luther King Jr. También pinta atletas importantes y héroes cotidianos, como padres que llevan a sus hijos a la playa.

7 Kadir quiere que las personas se sientan bien cuando observan su arte. Sus pinturas son coloridas y realistas. Están repletas de movimiento. Kadir comenta que siempre ha sido artista. Compartir su manera de ver el mundo es parte de lo que él es.

Vuelve a leer los párrafos 5 y 6. ¿Cómo te ayuda el autor a entender qué opina Kadir acerca del verano que pasó con su tío?

____

____

Encierra en un círculo dos detalles que respalden tu respuesta.

Vuelve a leer el párrafo 7. ¿Cómo te ayuda el autor a visualizar las pinturas de Kadir? **Subraya** la evidencia en el texto.

COLABORA

Túrnate con un compañero para comentar el título. ¿Por qué "De héroes e historia" es un buen título para esta sección? **Encierra en un recuadro** la evidencia en el texto.

____

____

____

____

Releer

LECTURA COMPLEMENTARIA

¿De qué manera el autor usa palabras y frases para ayudarte a visualizar cómo las personas comparten sus culturas?

COLABORA

Coméntalo Vuelve a leer las páginas 20 y 21. Comenta con un compañero sobre cómo Pat Mora y Kadir Nelson comparten sus culturas.

Cita evidencias ¿Qué palabras y frases te ayudan a visualizar cómo las personas comparten sus culturas? Escribe tres evidencias del texto y cómo te ayudan.

Evidencia del texto	Cómo me ayuda

Escribe Puedo visualizar cómo las personas comparten sus culturas porque ______________________________

____

____

Acuérdate

Cuando vuelvas a leer, busca palabras y frases que te ayuden a imaginar lo que están haciendo las personas. Crear imágenes en tu mente te ayuda a comprender mejor el texto.

Selección de palabras

Los escritores usan palabras expresivas y específicas y detalles para hacer que sus textos sean más interesantes y claros. Las palabras expresivas transmiten más de lo que dicen.

BUSCAR EVIDENCIAS

En "Compartir culturas" en la página 24, el autor usa la palabra bilingüe *para hablar acerca de la cultura de Pat Mora. Al elegir esta palabra, el autor te ayuda a entender que Pat Mora creció en un hogar en donde se hablaban dos idiomas.*

> Pat creció en un hogar bilingüe. Es decir, ella y su familia hablaban inglés y español.

COLABORA

Tu turno Vuelve a leer el párrafo 7 en la página 21.

- ¿Qué palabras y frases usa el autor para describir el arte de Kadir? ______________________________

  ____

- ¿Cómo te ayudan estas palabras a imaginarte cómo es el arte de Kadir? ______________________________

  ____

  ____

De lectores a escritores

Si quieres que tus lectores imaginen lo que estás escribiendo, elige palabras expresivas. Un diccionario puede ayudarte a elegir palabras que te ayuden a transmitir una imagen clara de lo que escribes.

Conexiones del texto

¿En qué se parece el propósito del artista para pintar este mural al de Gary Soto para escribir *Gary el soñador*?

Coméntalo Con un compañero, conversa sobre lo que ves en el mural. Observa con atención lo que hace cada trabajador y cómo el artista muestra lo que siente cada uno.

Acuérdate

Puedes buscar claves en el mural que muestren cómo se sienten las personas en su comunidad. Esto te ayudará a comparar el texto con el arte.

COLABORA

Cita evidencias Lee la leyenda. Luego encierra en un círculo tres personas del mural. Escribe en el margen junto a cada una lo que están haciendo. En la leyenda, subraya las pistas que te ayudan a descubrir por qué el artista pintó el mural.

Escribe El artista y Gary Soto comparten sus obras para demostrar el amor y el orgullo que sienten

por sus culturas. ______________________

____

____

____

____

El artista pintó este mural en un edificio de Chicago, Illinois. Usó personas reales. Celebra el orgullo de la comunidad latinoamericana y su gente trabajadora.

Andrew Resek/McGraw-Hill Education

Integrar | BÚSQUEDA E INVESTIGACIÓN

ESTUDIOS SOCIALES

Presentar el trabajo

COLABORA

Decide cómo presentarás el mapa de tu comunidad a tus compañeros. Haz una presentación de diapositivas en línea o un cartel digital. Usa la lista de Comprobar la presentación como ayuda para mejorar tu presentación.

Antes de la presentación, practicaré:

____

Creo que mi presentación fue ______________________

Lo sé porque ______________________________

____

____

Acuérdate

Recuerda que debes mirar al público, no solo tus notas. Ensaya la presentación frente a un espejo así no olvidas que debes mirar al público.

Comprobar la presentación

- ☐ Practicaré mi presentación.
- ☐ Haré contacto visual con el público.
- ☐ Hablaré con claridad y lentamente.
- ☐ Me aseguraré de que todos puedan ver mi mapa.

Texto modelo

Antología de literatura, páginas 10–21

Características de la narrativa personal

Una narrativa personal es un tipo de narrativa de no ficción. Una narrativa personal:

- cuenta, en orden, una historia verdadera de la vida de una persona.
- comparte los sentimientos del autor sobre la experiencia.
- tiene un principio, un desarrollo y un final.

gramatiNOTAS

Los escritores usan pronombres, como yo, nosotros, ella, él, para reemplazar sustantivos. Por ejemplo, Gary soto dice: "Estas semillas servían de municiones para escupir a mi hermano mayor, y *él* también me escupía a mí." El pronombre *él* representa a el hermano de Gary. Los pronombres indican a los lectores si el autor está escribiendo sobre sí mismo o sobre alguien más.

Analiza el texto modelo Vuelve a leer el último párrafo de *Gary el soñador,* de la página 11 de la **Antología de literatura**. Usa evidencia del texto para responder las preguntas.

¿Cómo hace Gary Soto para que la lectura sobre sus mascotas sea interesante? ______________________________

____

____

¿Qué indica la última oración acerca de Gary? ______________________________

____

____

Planificar: Elige un tema

COLABORA

Lluvia de ideas Haz con un compañero una lluvia de ideas sobre momentos en los que te hayas esforzado por lograr algo. Usa los comienzos de oración a continuación para comentar tus ideas.

Recuerdo cuando...

Esto me hizo sentir...

Instrucción de escritura Escribe sobre uno de los momentos que hayas recordado en una narrativa personal.

Escribiré sobre ______________________________

____

____

Propósito y público El propósito de un autor es su razón principal para escribir un texto. El público son las personas que lo leerán.

¿Quién leerá tu narrativa personal? ______________________________

____

____

Planifica Piensa sobre lo que quieras que los lectores aprendan acerca de ti a través de tu narrativa. Haz preguntas y respóndelas en tu cuaderno de escritura.

Acuérdate

Cuando escribes una narrativa personal compartes tus sentimientos con tu público. Mientras planificas tu texto, pregúntate: *¿Qué quiero que las personas recuerden de mi historia?*

Planificar: Secuencia

Secuencia Los escritores cuentan las historias en secuencia, o en el orden en el que ocurrieron los sucesos. Esta secuencia de sucesos en la historia ayuda a los lectores a entender qué sucede y por qué.

Lee este fragmento de "Un jardín para todos".

> Primero, mamá y papá plantaron semillas en macetas. Luego, las colgaron con portamacetas y, después, pusieron plantas en los estantes. Las enredaderas tropezaban con los libros de la biblioteca; nuestra casa tenía muchas plantas.

Acuérdate

Todas las narraciones tienen un principio, un desarrollo y un final. Usa palabras clave para mostrar cuándo suceden las cosas.

Suceso
↓
Suceso
↓
Suceso

Las palabras clave que indican secuencia establecen el orden de los sucesos. Vuelve a leer el fragmento y **encierra en un círculo** tres palabras claves que indican secuencia.

COLABORA

Piensa en el recuerdo sobre el cual vas a escribir. Conversa con un compañero sobre lo que hiciste. Usa estos comienzos de oración:

Primero...

Luego...

Finalmente ...

Tabla Dibuja una tabla de secuencia en tu cuaderno de escritura Completa la tabla para planificar tu escritura. Asegúrate de agregar palabras clave.

Hacer un borrador

COLABORA

Detalles descriptivos Los autores incluyen detalles descriptivos para ayudar a los lectores a ver, oír y sentir lo que describen. Lee el primer párrafo de *Gary el soñador,* en la página 21 de la **Antología de Literatura**. Usa evidencia de texto para responder las preguntas.

¿Cómo describe Gary Soto el sonido del agua?

___

___

¿Qué creía que pasaba con las burbujas?

___

___

Imagina que te colocas espuma en el rostro para formar una barba. Escribe dos palabras que describan cómo sentirías la espuma.

___

___

Haz un borrador Observa la tabla de secuencia que elaboraste y úsala como ayuda para escribir tu borrador en el cuaderno de escritura. Recuerda usar palabras claves y detalles descriptivos.

Acuérdate

Un **borrador** es un primer intento de escritura. No debes preocuparte si cometes errores cuando escribes un borrador. Habrá tiempo para solucionarlos en etapas posteriores. Lo importante es escribir todas tus ideas.

Revisar

Fluidez de las oraciones Los escritores usan distintos tipos de oraciones, como enunciativas, interrogativas y exclamativas. Además, cambian la longitud de las oraciones. Esto ayuda a que su escritura sea más atractiva para el lector.

Acuérdate

Cuando revises tu narrativa personal, trata de que el texto sea más atractivo para el lector.

COLABORA

Vuelve a leer la página 18 de *Gary el soñador,* en la **Antología de Literatura**. Conversa con un compañero sobre cómo el escritor utiliza distintos tipos de oraciones. Escribe tus conclusiones.

____

____

____

Revisión Es momento de revisar tu escritura. Lee tu borrador y busca partes en las que puedas:

- variar la longitud de tus oraciones.
- usar distintos tipos de oraciones.

Encierra en un círculo dos oraciones de tu borrador que puedas cambiar. Revísalas y escríbelas a continuación.

1 ____

2 ____

____

Charlas entre compañeros

COLABORA

Revisión del borrador Escucha con atención mientras tu compañero lee su borrador en voz alta. Comenta lo que te gustó. Usa estos comienzos de oración como guía para la charla:

Me gustó esta parte de tu borrador porque me hizo sentir...

Puede esta oración ser...

Agrega otro detalle para describir...

Sugerencias de compañeros Cuando tu compañero haya comentado tu borrador, escribe una de las sugerencias que aplicarás en tu revisión.

Revisión Al revisar tu borrador, consulta las sugerencias de Comprobar la revisión para mejorar tu narrativa. Consulta las pautas de evaluación en la página 33.

Recursos digitales

Para obtener más información sobre las charlas entre compañeros, entra en **my.mheducation.com** y mira "Charlas entre compañeros".

Comprobar la revisión

- ☐ ¿Tiene mi narrativa personal una secuencia de sucesos lógica?
- ☐ ¿Tiene un principio, un desarrollo y un final?
- ☐ ¿Incluye detalles descriptivos?
- ☐ ¿Tiene distintos tipos de oraciones?

Corregir

Al corregir tu borrador, tienes que buscar errores de ortografía, de puntuación y de otros aspectos gramaticales. Lee el borrador al menos tres veces, de esta manera estarás seguro de no pasar por alto ningún error. Fíjate en las sugerencias de comprobar la corrección.

Comprobar la corrección

- ☐ ¿Comienzan todas las oraciones con mayúscula y tienen los signos de puntuación adecuados?
- ☐ ¿Están todas las oraciones completas, con sujeto y predicado?
- ☐ ¿Hay frases?
- ☐ ¿Están todas las palabras escritas correctamente?

Escribe dos errores que hayas encontrado al revisar tu texto.

1. ______________________________

____

____

2. ______________________________

____

____

tecnoNOTAS

Si escribiste tu borrador en la computadora, imprímelo. Es más fácil determinar si hay errores de esa manera que leyendo la narración en la pantalla.

Enlace gramatical

Al revisar tu narración, recuerda que siempre debes utilizar mayúscula al comienzo de una oración. Los nombres propios y los días feriados se escriben con letra mayúscula.

Publicar, presentar y evaluar

Publicación Al publicar tu texto, muestra una copia limpia, clara y sin errores. Si no hiciste la narración en una computadora, escribe de forma clara en letra imprenta o cursiva.

Presentación Cuando estés listo para presentar tu trabajo, ensaya tu presentación. Como guía, lee las pautas de Comprobar la presentación.

Evaluación Después de publicar tu texto, lee las pautas de evaluación que se muestran abajo para evaluar tu texto.

¿Qué aspectos son satisfactorios? ______________________________

____

¿Qué partes requieren más trabajo? ______________________________

____

Comprobar la presentación

- ☐ Mira al público
- ☐ Habla lentamente y con claridad
- ☐ Habla a un volumen lo suficientemente alto como para que todos te escuchen.
- ☐ Responde las preguntas a conciencia.

4	3	2	1
• Narra una experiencia personal, incluye pensamientos y sentimientos. • Presenta los sucesos en orden. • Usa distintos tipos de oraciones.	• Narra una experiencia personal, incluye algunos sentimientos. • Presenta los sucesos en el orden correcto. • Varía las oraciones.	• Narra una experiencia personal. • Incluye sucesos que se cuentan de forma desordenada. • Usa solamente oraciones simples.	• No narrra una experiencia personal. • Cuenta los sucesos de forma desordenada y son confusos. • Las oraciones están cortadas.

Coméntalo

Pregunta esencial

¿Qué aprendemos de las culturas a través de las tradiciones?

Vivo en Alaska. Mi familia y yo compartimos las tradiciones de los yupik a través de la danza. Aquí estoy sosteniendo abanicos tradicionales de la danza yupik. Las tradiciones se transmiten de generación en generación. Nos ayudan a aprender nuestra cultura.

Mira la fotografía. Comenta la vestimenta de la niña yupik y lo que tiene en las manos. Conversa con un compañero sobre cómo sus familias comparten las tradiciones. Escribe tus ideas en la red de palabras.

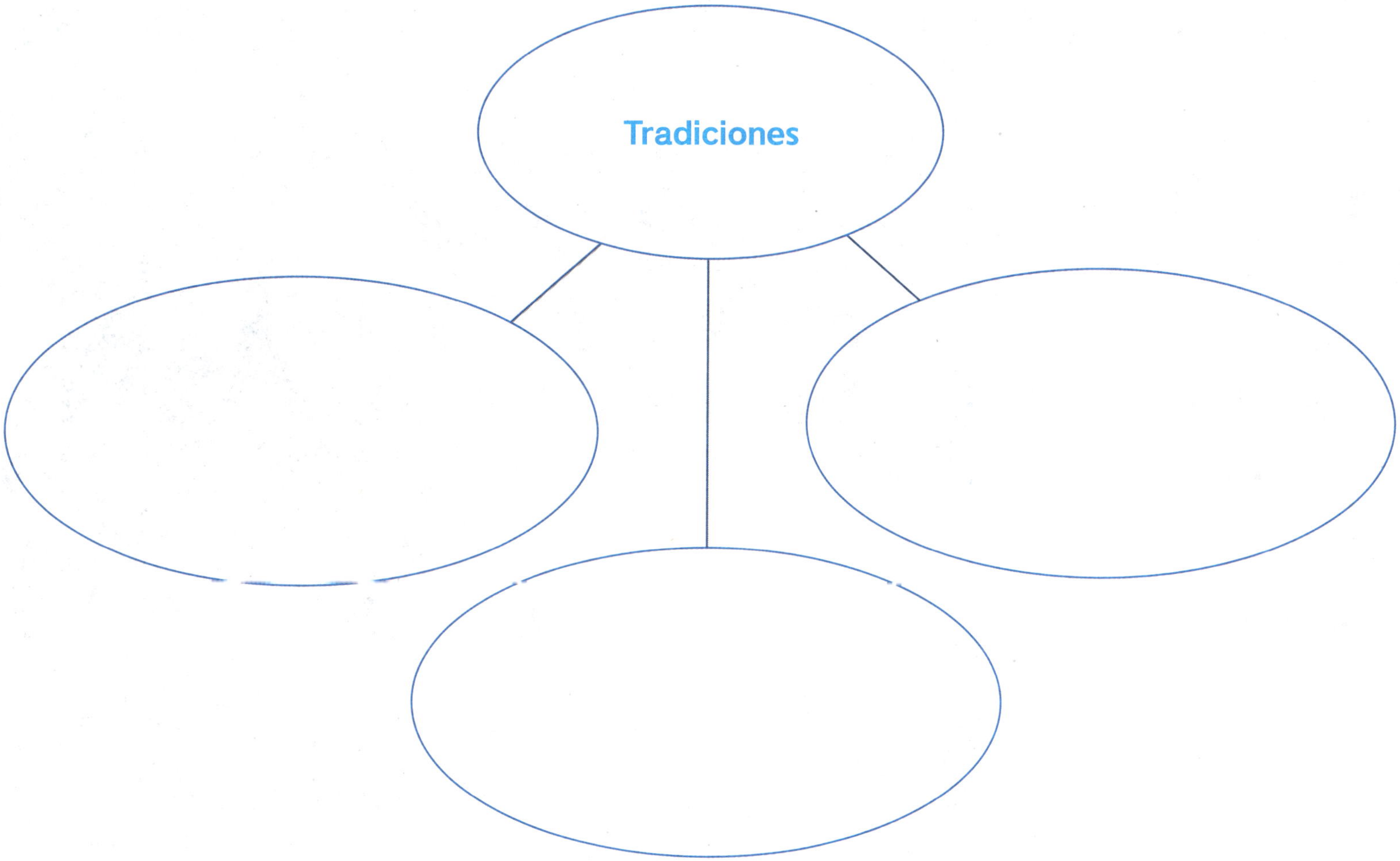

Lee en **my.mheducation.com** el *blast* "Un buen doctor". Piensa en por qué el Día del doctor Héctor P. García nos ayuda a aprender la historia de Texas. Respóndelo y envíalo.

LECTURA COMPARTIDA

TOMA NOTAS

Como ayuda para enfocarte en la lectura, realiza dale un vistazo previo al texto y haz una predicción sobre lo que sucederá. Lee el texto, observa las ilustraciones y escribe tu predicción.

____

____

____

Mientras lees, toma nota de:

Palabras interesantes: ________

____

Detalles clave: ________

____

____

____

____

____

Un nuevo hogar en el valle

Pregunta esencial

¿Qué aprendemos de las culturas a través de las tradiciones?

Lee como Tahiel aprende de la cultura de los campesinos.

Tahiel pensó que no debía preocuparse por la seguridad de los **guanacos**. Habían emprendido la marcha hacia el valle y los pumas ya estaban lejos.

Los guanacos parecían tranquilos y lo seguían de cerca. El sendero que los llevaría hacia el valle era angosto y largo. Su vieja **morada** ya no estaba a la vista.

Tahiel estaba callado y **vigilaba** todo el paisaje con mirada atenta. En la última semana, había **ahuyentado** a cinco pumas furiosos. Había llegado el momento de buscar un nuevo lugar más seguro donde vivir.

—Debemos descansar un poco —dijo.

En los últimos tiempos Tahiel se había acostumbrado a expresar sus pensamientos en voz alta y sentía que los guanacos lo comprendían. Miró a su alrededor y pensó que podría cantarles una canción para que se sintieran seguros.

Aun así Tahiel estaba atento a todo. Al aire de los Andes, a los sonidos, a la luz, a los movimientos.

—Eso es. Les cantaré una canción alegre —les dijo a los guanacos mientras miraba hacia un río de montaña donde creía haber visto una sombra.

FICCIÓN REALISTA

BUSCAR EVIDENCIAS

Leer

Párrafos 1 a 3

Secuencia

¿Qué hizo Tahiel antes de emprender la marcha hacia el valle junto a los guanacos? **Encierra en un círculo** la evidencia del texto que apoya tu respuesta.

____

____

Ilustraciones

Escribe un detalle de la ilustración que no esté en el texto.

____

____

Releer

Técnica del autor

¿Qué datos da el autor acerca de la cultura de Tahiel?

LECTURA COMPARTIDA

BUSCAR EVIDENCIAS

Leer

Párrafos 1 y 2

Secuencia

¿Qué sucedió después de dos largos días de viaje? **Encierra en un círculo** la evidencia del texto.

____

____

Visualizar

Subraya los detalles que te ayudan a visualizar el valle.

Párrafos 3 a 6

Diálogo

Encierra en un recuadro lo que dice Sayen cuando saluda. ¿Qué le pregunta a Tahiel?

____

____

Después de dos largos días de viaje, Tahiel y los guanacos llegaron al valle. Entre dos cerros bajos, una casa humilde y colorida embellecía el lugar. Tahiel se quedó maravillado con esa zona extraña y mágica.

—¡Cuántos árboles frondosos! —dijo admirado por las copas tupidas de los canelos—. ¡Qué viento fresco y suave!

De pronto, algo lo puso en alerta. Un sonido inesperado. Una sombra esquiva que aparecía y desaparecía pero no terminaba de mostrarse. Sin embargo, enseguida suspiró aliviado. Una joven campesina avanzaba lentamente por el **sendero**.

La campesina se acercó y saludó a Tahiel amablemente.

—Hola, mi nombre es Sayen. ¡Qué hermosos guanacos! ¿Están disfrutando de un paseo por el valle? —preguntó la campesina.

—Hola, Sayen. Yo soy Tahiel. Los guanacos y yo no estamos de paseo. Estamos buscando un nuevo **hogar**.

—¡Pero los guanacos viven en tierras altas! —exclamó Sayen.

—Así es —dijo Tahiel—. Pero desde hace unos días los pumas están acechando. Y yo quiero proteger a los guanacos.

Sayen y Tahiel miraron a los guanacos.

—¿Crees que tienen hambre? —preguntó Sayen.

—Seguramente. Llevamos días en busca de un buen lugar —dijo Tahiel.

—Vengan conmigo. Les daré algo para comer. Tú también debes tener hambre.

BUSCAR EVIDENCIAS

Leer

Párrafos 1 y 2

Diálogo

Encierra en un círculo la explicación que da Tahiel de por qué llevó el guanaco al valle. Escríbela aquí.

____

Párrafos 3 a 5

Hacer inferencias

¿Crees que Sayen ayudará a Tahiel a encontrar un nuevo hogar? **Subraya** la evidencia en el texto.

____

____

____

Releer

Técnica del autor

¿De qué manera te ayuda el autor a comprender la cultura de Sayen?

LECTURA COMPARTIDA

BUSCAR EVIDENCIAS

Leer

Párrafos 1 y 2

Diálogo

Encierra en un círculo lo que Sayen le dice a Tahiel sobre la vida. ¿Qué deciden hacer ella y Tahiel?

___

Párrafos 3 y 4

Claves de contexto

Subraya las claves que te ayudan a comprender la palabra *plan*.

___

___

Releer

Técnica del autor

¿Cómo te ayuda la ilustración a comprender el plan de Sayen y Tahiel?

Mientras los guanacos comían, Sayen y Tahiel se hicieron amigos. Como en el valle no hay pumas, Tahiel se sentía aliviado. Miró a los guanacos con **orgullo**. Habían soportado con entereza el hambre, el frío, el miedo y el cansancio. Ahora estaban todos a salvo.

—Aquí no es fácil ganarse la vida —dijo Sayen—. Pero hay campesinos muy buenos y trabajadores que mantienen vivas nuestras **tradiciones**. Puedes quedarte a vivir en el valle, aprender de nosotros y así saldremos todos adelante.

Sayen y Tahiel armaron un plan. Tahiel cuidaría a los guanacos y, de acuerdo con la tradición, seguiría trabajando en la producción y comercio de lana.

—¡Aquí en el valle hace poco frío! —exclamó Sayen—. Pero podrás vender la lana de los guanacos en el mercado.

Ahora, Tahiel va al mercado cada semana para vender la lana de los guanacos. De ahí regresa con trigo y provisiones para todos: para los guanacos, para Sayen y para los campesinos del valle.

En el mercado, los tejedores, los artesanos y los turistas están muy contentos. Todos saben que la lana de los guanacos es una de las más finas y buscadas del mundo.

Tahiel aprendió mucho de los habitantes del valle y de sus tradiciones. Ahora, vive muy feliz con sus guanacos en una nueva comunidad, en la que aprende, crece y mantiene sus costumbres.

Resumir

Usa tus notas para pensar en la secuencia de los sucesos en "Un nuevo hogar en el valle". Resume los sucesos importantes.

FICCIÓN REALISTA

BUSCAR EVIDENCIAS

Leer

Párrafos 1 y 2

Visualizar

Encierra en un círculo los detalles que te ayudan a visualizar que el trabajo de Tahiel es valioso para la cultura y las tradiciones del valle.

Párrafo 3

Secuencia

Subraya los detalles que indican cómo es la vida de Tahiel al final del cuento.

Releer

Técnica del autor

¿Cómo sabes cómo se siente Tahiel al final del cuento?

Releer | LECTURA COMPARTIDA

Vocabulario

Con las oraciones que se dan como ejemplo, comenta con un compañero lo que significa cada palabra. Luego, responde las preguntas.

ahuyentar

Mi abuela **ahuyenta** las moscas para que no molesten.

¿Cómo ahuyentas las moscas en tu casa?

guanaco

Los **guanacos** viven en los Andes.

¿Qué sabes sobre los guanacos?

Tu lista de palabras Elige una de las palabras interesantes de tu lista de la página 36. En el cuaderno de escritura escribe dos sinónimos y antónimos de esa palabra. Usa el diccionario como ayuda.

hogar

En mi **hogar** estoy muy a gusto.

¿Qué cosas agradables puedes hacer en tu hogar?

morada

La **morada** de los conejos es la madriguera.

¿Qué otros tipos de moradas de animales conoces?

orgullo

Siento **orgullo** de mis dibujos.

¿Qué cosas te hacen sentir orgullo?

sendero

El caballo avanza lentamente por el **sendero** del valle.

¿En qué lugares puedes hallar senderos?

____

____

tradición

En mi familia tenemos la **tradición** de cocinar juntos la cena los domingos.

Describe una tradición que comparta mucha gente.

____

____

vigilar

El águila **vigila** la montaña desde las alturas.

¿Cómo vigilan su entorno otros animales?

____

____

Claves de contexto

Cuando te encuentres con una palabra que no conozcas, usa las claves del contexto. Busca otras palabras en la oración que te ayuden a descubrir el significado de la palabra desconocida.

BUSCAR EVIDENCIAS

En la página 38, no entiendo lo que significa la palabra frondosos. *Si sigo leyendo, puedo comprender que un árbol es frondoso cuando tiene la copa tupida.*

> —¡Cuántos árboles frondosos! —dijo uno de los hijos admirado por las copas tupidas de los canelos.

Tu turno Usa las claves del contexto para descubrir el significado de la siguiente palabra.

esquiva, página 38______________________________

____

____

Visualizar

Mientras lees, usa los detalles para visualizar o formar imágenes en tu mente. Esto te ayudará a entender mejor el texto.

BUSCAR EVIDENCIAS

¿Cómo se siente Tahiel al principio de "Un nuevo hogar en el valle"? Usa los detalles de los primeros párrafos de la página 37.

Página 37

Los guanacos parecían tranquilos y lo seguían de cerca. El sendero que los llevaría hacia el valle era angosto y largo. Su vieja **morada** ya no estaba a la vista.

Tahiel estaba callado y **vigilaba** todo el paisaje con mirada atenta. En la última semana, había **ahuyentado** a cinco pumas furiosos. Había llegado el momento de buscar un nuevo lugar más seguro donde vivir.

—Debemos descansar un poco —dijo.

Puedo visualizar cómo se siente Tahiel al principio del cuento. Está callado, vigila el lugar, cuida a los guanacos. Estos detalles me ayudan a ver que se siente cansado y preocupado.

Acuérdate

Usa tu experiencia personal para visualizar los sentimientos de los personajes. Mientras lees, imagina qué hacen los personajes y cómo te sentirías si estuvieras haciendo lo mismo.

COLABORA

Tu turno Vuelve a leer la página 38. ¿Cómo se siente Tahiel al encontrarse con la campesina? Túrnate con un compañero para decir lo que visualizan. Luego usa evidencia del texto para responder la pregunta.

____

____

Ilustraciones y diálogo

El cuento "Un nuevo hogar en el valle" es una **ficción realista** porque:

- es una historia que podría suceder en la realidad.
- tiene un principio, un desarrollo y un final.
- tiene ilustraciones y diálogos.

BUSCAR EVIDENCIAS

Sé que "Un nuevo hogar en el valle" es una ficción realista porque los sucesos podrían ocurrir en la realidad. También tiene ilustraciones y diálogos.

De lectores a escritores

Vuelve a leer los diálogos de "Un nuevo hogar en el valle. ¿De qué manera te ayudan a imaginar a los personajes?

Cuando escribes una ficción realista, puedes usar diálogos para dar vida a los personajes.

Página 38

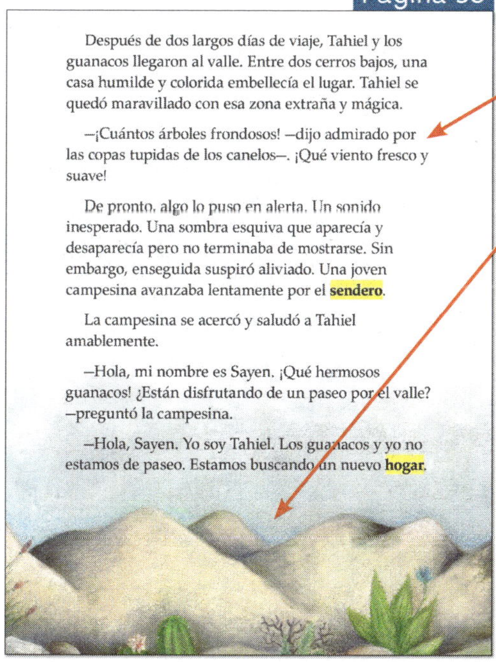

Después de dos largos días de viaje, Tahiel y los guanacos llegaron al valle. Entre dos cerros bajos, una casa humilde y colorida embellecía el lugar. Tahiel se quedó maravillado con esa zona extraña y mágica.

—¡Cuántos árboles frondosos! —dijo admirado por las copas tupidas de los canelos—. ¡Qué viento fresco y suave!

De pronto, algo lo puso en alerta. Un sonido inesperado. Una sombra esquiva que aparecía y desaparecía pero no terminaba de mostrarse. Sin embargo, enseguida suspiró aliviado. Una joven campesina avanzaba lentamente por el **sendero**.

La campesina se acercó y saludó a Tahiel amablemente.

—Hola, mi nombre es Sayen. ¡Qué hermosos guanacos! ¿Están disfrutando de un paseo por el valle? —preguntó la campesina.

—Hola, Sayen. Yo soy Tahiel. Los guanacos y yo no estamos de paseo. Estamos buscando un nuevo **hogar**.

Diálogo
Un diálogo es lo que los personajes se dicen unos a otros.

Ilustraciones
Las ilustraciones dan más información sobre los personajes y el ambiente.

COLABORA

Tu turno Conversa con un compañero sobre por qué "Un nuevo hogar en el valle" es una ficción realista. Busca dos ejemplos que muestren que el cuento podría suceder en la realidad. Luego escribe la respuesta.

____

____

Secuencia

Las acciones de los personajes forman la trama o eventos de una historia. Los sucesos de la trama se pueden contar en el orden en que suceden. La trama siempre tiene principio, desarrollo y final.

Acuérdate

Busca palabras y frases clave en el cuento, como *después* y *mientras*. Estas palabras y frases muestran cuándo ocurre cada suceso.

BUSCAR EVIDENCIAS

Al principio de la historia, leo para ver lo que dicen y hacen los personajes, Luego sigo leyendo para ver qué pasa durante el desarrollo de la historia.

Personaje
Tahiel y los guanacos

Ambiente
Un valle en los Andes

Principio
Tahiel y los guanacos buscan un nuevo hogar.

Desarrollo

Final

COLABORA

Tu turno Vuelve a leer las páginas 38-41. ¿Qué sucede durante el desarrollo y al final del cuento? Escribe los sucesos en orden en tu organizador gráfico.

Personaje

Tahiel y los guanacos

↓

Ambiente

Un valle en los Andes

↓

Principio

Tahiel y los guanacos buscan un nuevo hogar.

↓

Desarrollo

↓

Final

Responder a la lectura

COLABORA

Responde por escrito la siguiente pregunta. Piensa en el orden de los sucesos en la narración. Consulta tus notas y el organizador gráfico.

¿Cómo te ayuda el autor a comprender cómo cambian los sentimientos de Tahiel desde el principio de la historia hasta el final?

Acuérdate

Usa estos comienzos de oración para hablar sobre cómo se siente Tahiel.

Al principio leí que Tahiel...

El autor me ayuda a entender que...

Al final del cuento, Tahiel...

Enlace gramatical

Mientras escribes la respuesta, asegúrate de verificar que hayas usado correctamente la concordancia entre el sujeto y el verbo. Vuelve a leer tu respuesta para asegurarte de que tiene sentido.

ESTUDIOS SOCIALES

Generar preguntas

Fuse/Getty Images

Hacer una lista de preguntas sobre un tópico puede ayudarte a descubrir la mejor manera de investigarlo. Hay dos maneras de hacer una investigación:

- **Investigación formal** con enciclopedias, libros, artículos de revistas y sitios confiables en internet.
- **Investigación informal** significa conversar con otros, hacer preguntas y observar para obtener información.

Escribe una pregunta sobre una tradición familiar.

____

¿Cómo podrías hallar la respuesta con una investigación formal?

____

¿Cómo podrías hallar la respuesta con una investigación informal?

____

COLABORA

Crea una colcha de retazos cultural Piensa en una tradición de tu familia. Sigue estos pasos para hacer un retazo para la colcha cultural de la clase.

1. Usa la investigación formal e informal para informarte sobre tu tradición.
2. Escribe un párrafo sobre la tradición en un papel cuadrado.
3. Haz un dibujo sobre la tradición del otro lado del papel.

Releer | TEXTO PRINCIPAL

Los tamales del guanaco

¿Cómo te ayuda la autora a comprender cómo se siente Manolo con respecto a los tamales de su abuela?

Antologíade literatura, páginas 26–43

COLABORA

Coméntalo Vuelve a leer la página 28. Comenta con un compañero lo que Manolo piensa de su cultura y de los tamales. ¿Cómo lo sabes?

Cita evidencias ¿Qué palabras y frases expresan lo que siente Manolo? Escribe la evidencia del texto a continuación.

Evidencia del texto	Cómo se siente Manolo

Escribe La autora me ayuda a comprender lo que siente Manolo al

____

____

____

Hacer inferencias

Una inferencia es una suposición que haces con base en evidencia. ¿Qué inferencia puedes hacer sobre lo que opina Manolo de los tamales?

¿Cómo sabes que los tamales son importantes en la cultura de Manolo?

COLABORA

Coméntalo Vuelve a leer la página 35. Comenta con un compañero lo que dicen los personajes acerca de los tamales.

Cita evidencias Busca claves en los diálogos que te ayuden a mostrar que los tamales son importantes en la cultura de Manolo.

Evidencia en el texto	Esto me ayuda a entender

Escribe Sé que los tamales son importantes en la cultura de Manolo porque ______________________________

____

____

Acuérdate

Puedo usar estos comienzos de oración al hablar sobre Manolo, su abuela y los tamales.

La abuela de Manolo...

Esto me ayuda a comprender que...

Sintetizar información

Piensa en todo lo que se dice en el cuento sobre los tamales. ¿Qué tienen en común todos esos elementos?

Releer

TEXTO PRINCIPAL

¿De qué manera la autora muestra cómo Manolo y su abuela quieren dar a conocer sus tradiciones en su nuevo hogar?

COLABORA

Coméntalo Vuelve a leer las páginas 39-40. Comenta con un compañero lo que hace Manolo con sus amigos durante su fiesta de cumpleaños.

Cita evidencias ¿Qué hacen y dicen Manolo y sus amigos durante la fiesta de cumpleaños? Escribe las claves en la tabla.

Clave	Clave	Clave

Esto me ayuda a ver

Escribe Sé que Manolo y su abuela están orgullosos de sus tradiciones porque la autora ______

______

______

______

Hacer inferencias

Una inferencia es una suposición basada en la evidencia del texto. Usa lo que sabes para hacer una inferencia sobre cómo Manolo y su abuela se sienten sobre sus tradiciones.

Responder a la lectura

COLABORA

Comenta esta instrucción. Piensa en cómo la autora te ayuda a comprender los sentimientos, pensamientos y acciones de Manolo a lo largo del cuento. Consulta tus notas y el organizador gráfico.

¿De qué manera cambia Manolo a lo largo del cuento?

____

____

____

____

____

____

____

____

____

____

____

____

Acuérdate

Usa estos comienzos de oración al hablar sobre Manolo.

Al principio, Manolo...

La autora me ayuda a ver que...

Al final, Manolo...

Mis lecturas

Elige un texto y anota en tu cuaderno de escritura el título, el autor y el género del libro. Mientras lees, conecta las ideas con las de otros textos o con tu experiencia personal. Anota las ideas en tu cuaderno de escritura.

Releer | LECTURA COMPLEMENTARIA

Tradiciones de familia

Antología de literatura, páginas 46-49

Festejo de Año Nuevo

1 Las familias chinas celebran el Año Nuevo Chino en enero o febrero. El Año Nuevo Chino dura cerca de dos semanas y significa que el invierno se ha acabado. Esta fiesta celebra que la primavera está por llegar.

2 Las tradiciones son muy antiguas. Los adultos regalan a los niños paquetes de envoltorios rojos y brillantes. El rojo significa buena suerte y felicidad. En los paquetes hay dinero de la buena suerte.

3 Este feriado es también momento de banquetes. Las familias chinas comparten dulces y suaves pasteles de arroz. Algunas familias comen pescado cocido. También regalan naranjas y comen fideos. Estas comidas son símbolos de un feliz año y una larga vida.

4 En la mayoría de las grandes ciudades, se realiza un desfile de año nuevo. Las familias ven bailarines con disfraz de dragón que se deslizan por la calle, usando colores como el rojo, el amarillo y el verde. Las bandas marchan en fila. Ellas tocan melodías alegres en sus tambores. La gente, con vestimenta típica, va en carrozas saludando a la multitud. ¡BANG! ¡Cuidado con los fuegos artificiales! Los sonidos fuertes simbolizan un momento de dicha en el año.

Vuelve a leer y haz anotaciones en el texto siguiendo las instrucciones.

Vuelve a leer el párrafo 1. **Dibuja una estrella** al comienzo de la oración que explica el significado del Año Nuevo Chino. Menciónalo aquí.

____

____

Ahora vuelve a leer los párrafos 2 a 4. **Subraya** las tradiciones del Año Nuevo Chino.

COLABORA

Conversa con un compañero acerca de las tradiciones del Año Nuevo Chino. **Encierra en un círculo** las palabras que utiliza el autor para ayudarte a visualizar la fiesta y el desfile del Año Nuevo Chino.

Cuentos y danzas

1 Muchas comunidades de indígenas americanos tienen tradiciones de cuentos y danzas muy antiguos. Los mayores les cuentan cuentos a sus hijos y nietos, por lo general en su idioma nativo. Las historias resaltan la valentía de sus ancestros.

2 Algunos grupos de indígenas americanos se reúnen en asambleas en el verano. En estos festivales celebran su cultura mediante la danza y la música. Los viejos cuentos cobran vida a través de sus narradores. Las suaves notas de una flauta ayudan a contar la historia. El firme redoble de los tambores le agrega fuerza. Todos estamos invitados a observar y escuchar. Todos podemos disfrutar de los cuentos y aprender sobre las tradiciones.

Vuelve a leer el párrafo 1. **Encierra en un círculo** dos tradiciones de los indígenas americanos. ¿Qué tradición describe el párrafo?

____

Subraya uno de los temas que tratan los cuentos de indígenas americanos.

COLABORA

Vuelve a leer el párrafo 2 con un compañero. Comenta cómo el autor describe las asambleas. **Encierra en un recuadro** las cosas que puedes oír en una asamblea.

¿Cómo te ayuda el autor a visualizar cómo son las distintas tradiciones?

COLABORA

Coméntalo Vuelve a leer tus notas. Comenta con un compañero lo que han aprendido acerca de las diversas tradiciones.

Cita evidencias ¿Qué palabras utiliza el autor para ayudarte a visualizar cómo las familias comparten tradiciones? Escríbelas en la red.

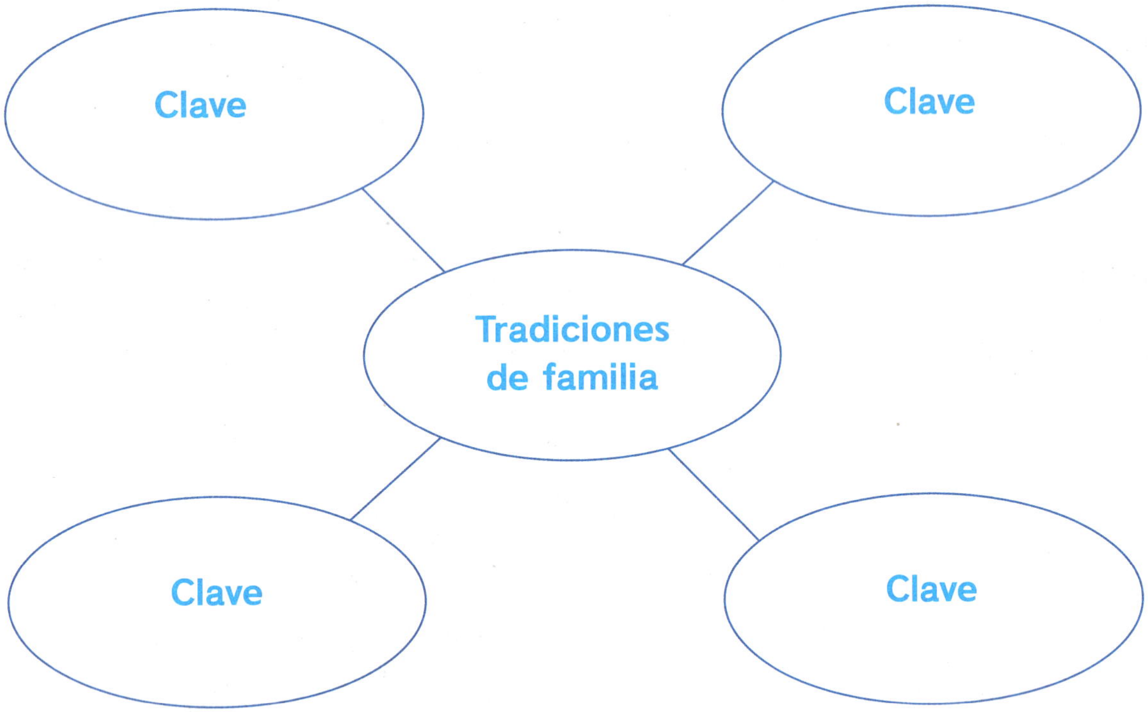

Escribe El autor me ayuda a visualizar lo que son las tradiciones al

____

____

Acuérdate

Vuelve a leer las palabras que subrayaste en "Festejo de Año Nuevo" y que encerraste en un círculo en "Cuentos y danzas". Piensa en las palabras que mejor describen a cada tradición.

Voz

Los escritores eligen palabras y frases para expresar lo que piensan y sienten con respecto a un tópico. El uso del lenguaje le da a cada autor su propia voz.

BUSCAR EVIDENCIAS

En la página 47 de la ***Antología de literatura****, el autor de "Tradiciones de familia" utiliza palabras y frases como "tocan melodías alegres en sus tambores" y "¡BANG!". Esto me ayudar a saber que para el autor el festejo es divertido y emocionante.*

Las bandas marchan en fila. Ellas tocan melodías alegres en sus tambores. La gente, con vestimenta típica, va en carrozas saludando a la multitud. ¡BANG! ¡Cuidado con los fuegos artificiales!

De lectores a escritores

Elige las palabras y las frases con cuidado al escribir. Tus palabras y el modo en el que las organizas ayudará a los lectores a saber qué opinas con respecto a un tópico.

COLABORA

Tu turno Vuelve a leer el último párrafo de la página 49.

- ¿Qué frases usa el autor para describir las tradiciones? ____________

____

- ¿Cómo contribuyen estas frases a la voz del autor? ____________

____

Integrar | HACER CONEXIONES

Conexiones del texto

¿En qué se parecen la familia de la fotografía y los personajes de *Los tamales del guanaco* y de "Tradiciones de familia"?

COLABORA

Coméntalo Conversa con un compañero sobre lo que está haciendo la familia en la fotografía. Elige una clave que muestre una tradición y comenta por qué crees que es importante.

Cita evidencias Mira la fotografía. Piensa en lo que es especial para la abuelita de Manolo y en cómo festejan los días especiales las familias de "Tradiciones de familia". **Encierra en un círculo** las claves que muestran que la cena es especial. Luego, lee la leyenda. **Encierra en un recuadro** la parte del texto que te ayuda saber que es una tradición de familia.

Escribe Las familias de los textos y de la fotografía

se parecen porque ______________________________

____

____

____

____

____

____

Acuérdate

Busca las claves que muestran cómo se sienten las personas de la fotografía. Esto te ayudará a comparar cómo las familias celebran sus tradiciones.

Esta familia vive en Richmond, Virginia. Celebran el Día de Acción de Gracias en la casa de su abuela.

ESTUDIOS SOCIALES

Presentar el trabajo

COLABORA

Decide cómo presentarás a la clase tu retazo para la colcha de retazos cultural. Averigua si puedes proyectarlo en una pantalla grande. Consulta la lista de comprobar la presentación.

Lo más interesante que aprendí acerca de esta tradición de mi familia es ______________________________

____

____

Me gustaría aprender más acerca de ______________________________

____

____

Acuérdate

Asegúrate de sostener alta tu ilustración para que todo el público pueda verla. Mientras hablas de las tradiciones de tu familia, señala los detalles relacionados en la ilustración para ayudar al público a comprender qué hace tu familia y por qué.

Comprobar la presentación

- ☐ Practicaré mi presentación.
- ☐ Haré contacto visual con el público.
- ☐ Alzaré la voz para que todos puedan escucharme.
- ☐ Pondré la ilustración en un sitio alto y señalaré los detalles.

Coméntalo

Pregunta esencial

¿Cómo nos ayudan los monumentos a entender la historia de nuestro país?

Martin Luther King, Jr. jugó un papel importante en la historia de Estados Unidos. Este monumento en Washington, D. C., honra su vida. Las personas visitan monumentos como este para aprender sobre personalidades importantes y sucesos de la historia. Los hitos y monumentos nos ayudan a recordar y a entender la historia.

Mira la fotografía. Haz preguntas a tu compañero acerca de cómo los monumentos ayudan a las personas a aprender sobre la historia. Escucha atentamente y luego escribe tus ideas en la red de palabras.

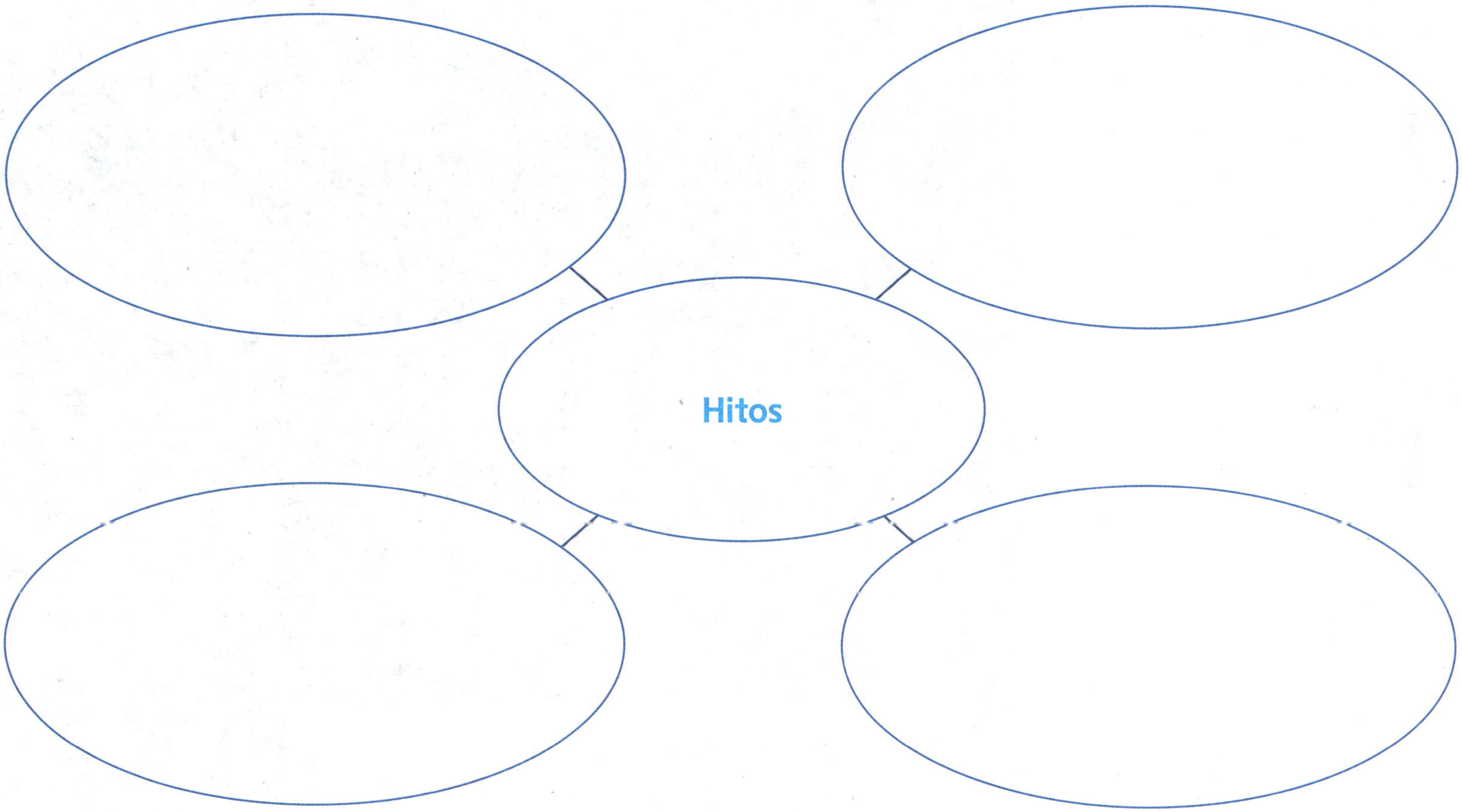

Lee en **my.mheducation.com** el *blast* "Lugares especiales". Piensa en qué hace que un hito sobresalga. Respóndelo y envíalo.

LECTURA COMPARTIDA

TOMA NOTAS

Entender por qué estás leyendo te ayuda a ajustar cómo lees. Si lees para obtener información, quizás debas volver a leer algunas secciones para asegurarte de que entendiste. Dale un vistazo el texto y escribe tu propósito de lectura.

____

____

____

Mientras lees, toma nota de

Palabras interesantes: ________

____

____

Detalles clave: ______________

____

____

____

____

TIME FOR KIDS

Preservar y Proteger

Pregunta esencial

¿Cómo nos ayudan los monumentos a entender la historia de nuestro país?

Lee por qué los parques nacionales son importantes.

El árbol más grande del mundo vive en un bosque de California. No es un bosque común. Este árbol vive en el Bosque de los gigantes. Es un **hito** que ha estado creciendo allí por más de 2,000 años. Muchas personas trabajan duro para proteger este tesoro **nacional**. Hay normas para esto. Pero algunos se preocupan por la cantidad **masiva** de normas.

EL BOSQUE DE LOS GIGANTES

Cada año, más de un millón de personas camina por los senderos del Bosque de los gigantes para visitar el Árbol General Sherman. Esto no es extraño. Esta **grandiosa** secuoya mide 275 pies de alto. Su ancho equivale casi al largo de un autobús escolar. Muchos otros árboles enormes viven ahí también. En ese bosque vive la mitad de secuoyas del mundo.

En 1964, el presidente Lyndon B. Johnson firmó una ley para proteger árboles como el General Sherman. También para proteger plantas y animales que viven en los parques nacionales. La ley establece que allí la vida silvestre está a salvo. No se puede talar árboles ni construir casas en esos terrenos. Los **rastros**, o partes, de las culturas que habitaban esas tierras en la antigüedad, están protegidos. Los parques nacionales protegen miles y miles de acres de vida silvestre. Pero algunos creen que esas tierras deberían estar disponibles para otros usos.

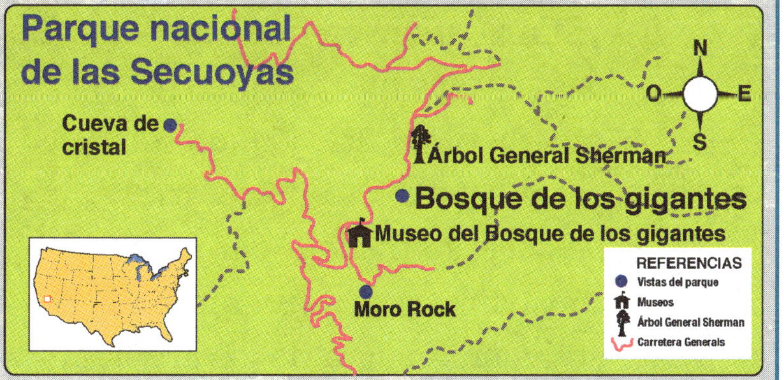

El Parque Nacional de las Secuoyas está ubicado en California.

TEXTO ARGUMENTATIVO

BUSCAR EVIDENCIAS

Leer

Párrafo 1

Hacer y responder preguntas

¿De qué se preocupan algunas personas? **Subraya** la evidencia. del texto. Ahora, piensa en una pregunta. Escríbela aquí.

Párrafo 2

Idea principal y detalles clave

Encierra en un círculo tres detalles clave del Bosque de los gigantes.

Mapa

Mira la referencia o leyenda del mapa. **Encierra en un recuadro** el Árbol General Sherman. Menciona otro lugar del mapa.

Releer

Técnica del autor

¿Por qué "El Bosque de los gigantes" es un buen título?

LECTURA COMPARTIDA

BUSCAR EVIDENCIAS

Leer

Párrafo 1

Idea principal y detalles clave

Subraya tres detalles sobre lo que las normas protegen.

Párrafo 2

Palabras con significados múltiples

Encierra en un recuadro las claves que te ayudan a descubrir el significado de *antiguas*. Escribe el significado.

____

Párrafo 3

Hacer y responder preguntas

Escribe una pregunta sobre el negocio de la madera.

____

Releer

Técnica del autor

¿Cómo el autor te ayuda a entender lo que sienten los que protegen la tierra?

TIME FOR KIDS

¡Protejamos la tierra!

Millones de personas visitan los parques nacionales cada año. Los amantes de la naturaleza caminan por los senderos. Exploran cuevas **talladas** en la montaña. Admiran cientos de plantas y animales.Ellos están de acuerdo con el presidente Johnson. A ellos les gustan las leyes que protegen la tierra. Creen que las normas ayudan a preservar los bosques y los animales. Creen que todos deberían visitar, disfrutar y aprender de la naturaleza.

Visitar un **monumento** nacional es una manera de aprender sobre la historia. Los monumentos preservan rastros de culturas antiguas para que no sean destruidos. Los científicos dependen de estas **pistas** para ayudarlos a aprender cómo se vivía entonces.

¿Qué pasa con mi negocio?

El negocio de la madera depende de los árboles para generar dinero.

abadonian/iStock/Getty Images

Otros piensan que hay demasiadas normas para proteger la tierra, y que estas perjudican a los empresarios. Se necesita madera para construir casas. Las empresas obtienen madera de los árboles. Si no pueden talarlos, el precio de la madera sube. Lo que se hace de madera cuesta más. Otros creen que esas normas dificultan conseguir trabajo. Los que talan árboles o hacen casas tienen que buscar otro empleo.

¿Proteger o no proteger?

Hoy en día, Estados Unidos tiene cientos de parques nacionales, monumentos e hitos. Animales y plantas viven en ellos. Los visitantes los disfrutan. Los científicos aprenden de ellos. Las normas los protegen. Pero, ¿hay demasiadas normas? No todos están de acuerdo.

¿Es un parque o un monumento?

Un Monumento Nacional de Estados Unidos es un área protegida. Es como un parque nacional, pero más fácil de crear. Los monumentos y los parques se diferencian de otras maneras importantes.

Los parques nacionales

- son grandes áreas con muchas características naturales diferentes;
- aspiran proteger distintos aspectos de la naturaleza.

Los monumentos nacionales

- por lo general protegen un recurso natural específico, hito o estructura con interés histórico o científico;
- reciben menos dinero y menos protección que los parques.

Resumir

Usa tus notas y piensa en los hechos de "Preservar y proteger". Resume las ideas principales de cada argumento.

Juice Images/Cultura/Getty Images

TEXTO ARGUMENTATIVO

BUSCAR EVIDENCIAS

Leer

Párrafo 1

Palabras con significados múltiples

Encierra en un círculo las claves que explican la palabra *parques.* Escribe el significado.

____

____

Nota al margen

Idea principal y detalles clave

Subraya los detalles sobre qué es un monumento.

Notas al margen

¿Qué información brinda la nota al margen? **Encierra en un recuadro** la evidencia.

____

Releer

Técnica del autor

¿Cómo la nota al margen te ayuda a entender la diferencia entre monumento y parque?

Vocabulario

Con las oraciones que se dan como ejemplo, comenta con un compañero el significado de cada palabra. Luego, responde las preguntas.

grandioso

Diana se sentó a observar la **grandiosa** vista del lago.

¿Qué otro paisaje crees que tiene una vista grandiosa?

____

____

hito

La Estatua de la Libertad es un **hito** de Estados Unidos.

¿Qué otros hitos puedes nombrar?

____

____

masivo

El director logró un apoyo **masivo** para su propuesta.

¿Qué palabra significa lo mismo que masivo?

____

____

monumento

El monte Rushmore es un **monumento** en honor a los líderes de nuestro país.

Describe un monumento que hayas visto.

____

____

nacional

El Cuatro de Julio es un feriado **nacional.**

Nombra otro feriado nacional.

____

____

Tu lista de palabras Vuelve a leer la lista de palabras interesantes en la página 62. Elige una y busca su definición en un diccionario impreso o en línea. Luego usa la palabra en una oración.

pista

Las huellas del perro son **pistas** de que pasó hoy por aquí.

¿Qué pistas te indican que ha llovido?

____

____

rastro

Por la mañana, encontramos **rastros** de nieve sobre las plantas.

¿Qué palabra significa lo mismo que rastros?

____

____

tallar

Un río poderoso **talló** este cañón en la roca.

¿Qué otros materiales se pueden tallar?

____

____

Palabras con significados múltiples

Las palabras con significados múltiples son palabras que tienen más de un significado. Encuentra otras palabras en la oración, o más allá de la oración, para ayudarte a entender el significado de una palabra con significados múltiples.

BUSCAR EVIDENCIAS

En la página 63, veo la palabra pies. *Esta palabra puede significar "extremidad que nos permite caminar" o "medida de longitud". Las claves de contexto "mide" y "alto" me ayudan a deducir que* pie *se refiere a la longitud de algo.*

Esta grandiosa secuoya mide 275 pies de alto.

Tu turno Usa las claves de contexto para deducir el significado de las siguientes palabras.

creen, *página 64* ______________________________

sobre, *página 64* ______________________________

P.Burghardt/Shutterstock

Hacer y responder preguntas

Mientras lees, detente y hazte preguntas. Luego, busca detalles que apoyen tu respuesta. Esto te ayudará a obtener información.

BUSCAR EVIDENCIAS

Vuelve a leer la sección "¡Protejamos la tierra!" en la página 64. Piensa en una pregunta. Luego lee para responderla.

Acuérdate

Si no encuentras la respuesta a tu pregunta cuando vuelvas a leer una sección, continúa leyendo y ve si puedes encontrar la respuesta más adelante en el texto.

Página 64

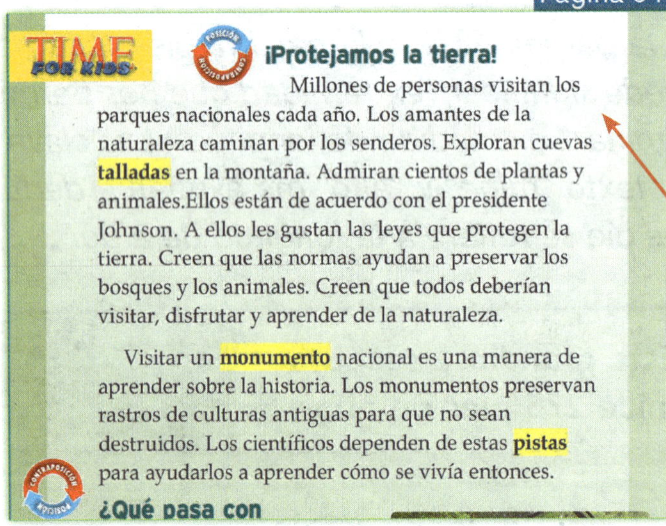

TIME FOR KIDS

¡Protejamos la tierra!

Millones de personas visitan los parques nacionales cada año. Los amantes de la naturaleza caminan por los senderos. Exploran cuevas **talladas** en la montaña. Admiran cientos de plantas y animales.Ellos están de acuerdo con el presidente Johnson. A ellos les gustan las leyes que protegen la tierra. Creen que las normas ayudan a preservar los bosques y los animales. Creen que todos deberían visitar, disfrutar y aprender de la naturaleza.

Visitar un **monumento** nacional es una manera de aprender sobre la historia. Los monumentos preservan rastros de culturas antiguas para que no sean destruidos. Los científicos dependen de estas **pistas** para ayudarlos a aprender cómo se vivía entonces.

¿Qué pasa con

Me pregunto: ¿Qué hacen las personas cuando visitan un parque nacional? Leo que los amantes de la naturaleza caminan por los senderos. Exploran cuevas y admiran plantas y animales. Ahora puedo responder mi pregunta. Las personas visitan parques nacionales por muchas razones.

COLABORA

Tu turno Vuelve a leer el primer párrafo de la página 64. Piensa en una pregunta. Podrías preguntarte: *¿Cómo afectan las normas a los dueños de los negocios?* Escribe tu pregunta. Vuelve a leer la sección para encontrar la respuesta y escríbela.

____

____

Leyendas, mapas y notas al margen

"Preservar y proteger" es **un texto argumentativo** porque:

- es un texto de no ficción que expresa la opinión del autor sobre un tópico.
- da hechos y ejemplos para persuadir al lector para que esté de acuerdo con la opinión o argumento del autor.
- puede incluir elementos del texto como leyendas, mapas y notas al margen.

De lectores a escritores

Cuando escribas un texto argumentativo, asegúrate de incluir hechos para apoyar tu opinión o reclamo. Usar hechos ayudará a los lectores a entender cómo te sientes sobre el tópico. Recuerda incluir ambos lados del argumento.

BUSCAR EVIDENCIAS

Sé que "Preservar y proteger" es un texto argumentativo. Habla de las ventajas y desventajas de proteger las tierras silvestres. Incluye hechos acerca de por qué la tierra debe ser protegido y de por qué debe ser utilizado como un recurso para los negocios.

Página 65

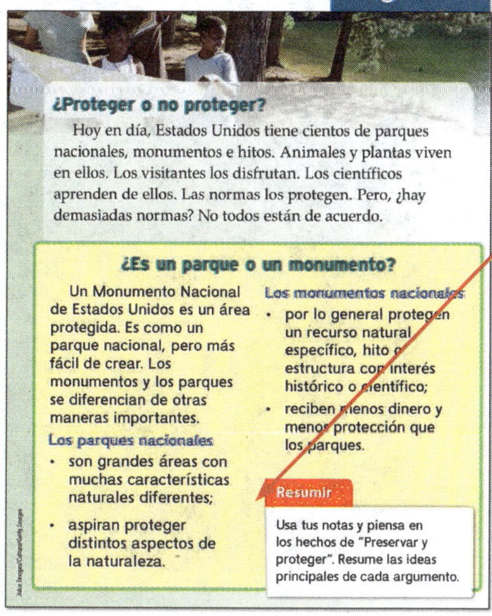

¿Proteger o no proteger?

Hoy en día, Estados Unidos tiene cientos de parques nacionales, monumentos e hitos. Animales y plantas viven en ellos. Los visitantes los disfrutan. Los científicos aprenden de ellos. Las normas los protegen. Pero, ¿hay demasiadas normas? No todos están de acuerdo.

¿Es un parque o un monumento?

Un Monumento Nacional de Estados Unidos es un área protegida. Es como un parque nacional, pero más fácil de crear. Los monumentos y los parques se diferencian de otras maneras importantes.

Los parques nacionales

- son grandes áreas con muchas características naturales diferentes;
- aspiran proteger distintos aspectos de la naturaleza.

Los monumentos nacionales

- por lo general protegen un recurso natural específico, hito o estructura con interés histórico o científico;
- reciben menos dinero y menos protección que los parques.

Resumir

Usa tus notas y piensa en los hechos de "Preservar y proteger". Resume las ideas principales de cada argumento.

Leyendas

Las leyendas ofrecen información adicional.

Notas al margen

Las notas al margen brindan más información sobre un tópico.

COLABORA

Tu turno Encuentra más elementos del texto en "Preservar y proteger". ¿Qué más aprendiste? Escribe tu respuesta.

____

____

Releer | LECTURA COMPARTIDA

Idea principal y detalles clave

La idea principal o central es el punto más importante que el autor hace sobre un tópico. Los detalles clave dan información sobre la idea principal.

BUSCAR EVIDENCIAS

¿Qué detalles indican por qué muchas personas apoyan la protección de la tierra? Puedo volver a leer "¡Protejamos la tierra!" en la página 64 y encontrar detalles importantes. Luego, puedo deducir lo que estos tienen en común sobre la idea principal.

Idea principal
Millones de personas están de acuerdo en que las normas protegen la tierra.
Detalle
Ellos creen que las normas mantienen seguros nuestros bosques y animales.
Detalle
Ellos creen que todas las personas deberían visitarlos y disfrutarlos.

Acuérdate

El título de una sección suele dar una pista acerca de cuál es la idea principal. Piensa en lo que tienen en común los detalles clave y cómo se relacionan con el título. Luego, utilízalos para hablar sobre la idea principal de esta sección del texto.

Juice Images/Cultura/Getty Images

COLABORA

Tu turno Vuelve a leer "¿Qué pasa con mi negocio?" en la página 64. Busca detalles sobre por qué muchos dueños de negocios creen que hay demasiadas normas. Haz una lista de los detalles en tu organizador gráfico.

Idea principal
Detalle
Detalle
Detalle

Releer | LECTURA COMPARTIDA

Responder a la lectura

COLABORA

Responde por escrito la siguiente pregunta. Piensa en cómo te ayuda el autor a ver los dos lados del argumento. Consulta tus notas y el organizador gráfico.

¿Cómo te ayuda el autor a entender los dos lados del argumento sobre la protección de la tierra?

Acuérdate

Usa estos comienzos de oración para hablar sobre la protección de la tierra:

Leí que algunas personas creen...

Leí que los dueños de negocios opinan que...

El autor usa elementos del texto para...

Enlace gramatical

Mientras escribes tu respuesta, asegúrate de usar una variedad de oraciones, como oraciones simples y compuestas. Recuerda que debes usar la puntuación correctamente y conjunciones en cada oración compuesta.

ESTUDIOS SOCIALES

Hechos y opiniones

Cuando intentas convencer al lector de que piense de una determinada manera o que haga algo, es importante hacer una lista de las razones que respalden tu opinión o argumento. Las razones más efectivas son generalmente hechos. Los **hechos** son enunciados que se puede demostrar que son verdaderos. Las **opiniones** son enunciados que se basan en sentimientos.

Acuérdate

Las personas envían postales a sus familiares y amigos. Incluye hechos y opiniones que hagan que tus amigos quieran visitar este lugar.

1. Mira la postal. Escribe dos hechos aquí.

____

2. ¿Cómo sabes que son hechos? Escribe tus ideas aquí.

____

Ahora, vuelve a leer la postal. Escribe una opinión aquí.

____

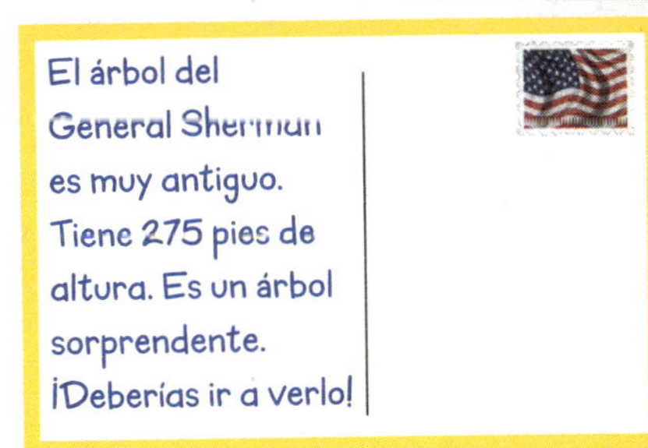

COLABORA

Crea una postal Investiga un hito o un monumento de Texas y crea una postal explicando por qué las personas deberían visitarlo.

1. En un lado de la postal, haz un dibujo del hito.
2. En el otro lado, escribe un párrafo y di por qué las personas deberían visitarlo. Asegúrate de incluir dos o tres hechos sobre el hito o el monumento y tu opinión.

Releer | TEXTO PRINCIPAL

Protejamos nuestros parques

¿Cómo te ayuda el autor el autor a comprender por qué el Servicio de Parques Nacionales es importante?

Antologíade literatura, páginas 50-53

COLABORA

Coméntalo Vuelve a leer la página 51 de la **Antología de literatura**. Comenta con un compañero de qué se ocupa el Servicio de Parques Nacionales.

Cita evidencias Qué datos usa el autor para mostrar que el Servicio de Parques Nacionales es importante? Escríbelos aquí.

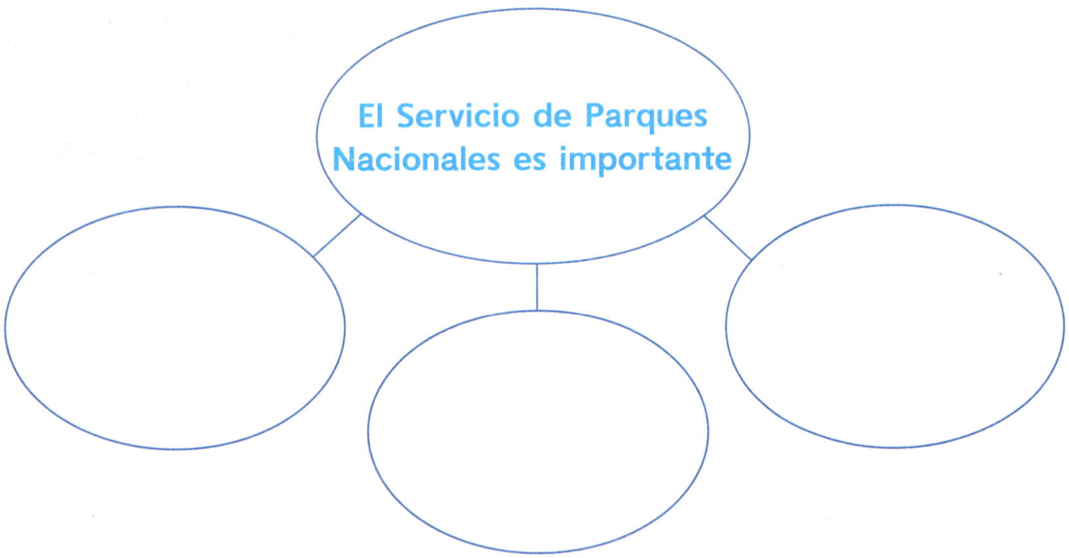

Escribe Comprendo que el Servicio de Parques Nacionales es importante porque el autor ______________________________

____

Combinar información

Usa lo que sabes sobre proteger la vida silvestre y los hechos que el autor da para ayudarte a comprender por qué el Servicio de Parques Nacionales es importante.

¿Cómo te ayuda el autor a comprender las diferentes opiniones que las personas tienen sobre los visitantes de los parques?

COLABORA

Coméntalo Vuelve a leer las páginas 52 y 53. Comenta con un compañero las opiniones expresadas en "Acceso para todos" y "Proteger nuestros parques".

Cita evidencias ¿Qué afirmaciones y datos apoyan cada opinión? Escríbelas en el cuadro.

Acceso para todos	Proteger nuestros parques

Escribe Comprendo las distintas opiniones sobre los visitantes a los parques porque el autor ______________________________

____

____

____

____

Acuérdate

Cuando lees un texto argumentativo piensa quién podría ser el público o el lector. Pregúntate: "¿A quién está tratando el autor de convencer o persuadir?".

Hacer inferencias

Haz una inferencia acerca de a qué lectores, o público, se dirige el autor de "Protejamos nuestros parques". Usa la evidencia del texto y tu propia experiencia con otros textos argumentativos.

Releer | **TEXTO PRINCIPAL**

Responder a la lectura

COLABORA

Comenta esta instrucción. Piensa en cómo las multitudes afectan los parques nacionales. Usa tus notas y el organizador gráfico.

¿Cómo el autor te ayuda a comprender cómo los parques nacionales necesitan cambiar para recibir más visitantes?

____

____

____

____

____

____

____

____

____

____

____

____

Acuérdate

Usa estos comienzos de oración para hablar de los parques nacionales.

Leí que las multitudes...

Algunas personas piensan...

Otras personas piensan...

Mis lecturas

Elige un texto. Anota en tu cuaderno de escritura el título, el autor y el género del libro. Mientras lees, haz conexiones con ideas que hayas leído en otros textos o con tu experiencia personal. Escribe tus ideas en el cuaderno.

Releer | LECTURA COMPLEMENTARIA

5 preguntas para George McDonald

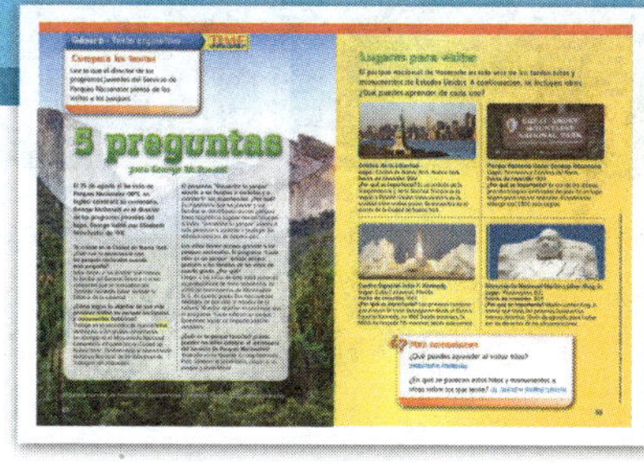

Antología de literatura, páginas 54-55

El 25 de agosto el Servicio de Parques Nacionales (NPS, en inglés) celebrará su centenario. George McDonald es el director de los programas juveniles del lugar. George habló con Elizabeth Winchester de TFK.

El programa "Encuentra tu parque" alienta a las familias a visitarlos y a compartir sus experiencias. ¿Por qué?

Es importante que los jóvenes y sus familias se identifiquen con los parques. Estos magníficos lugares nos pertenecen a todos. "Encuentra tu parque" alienta a más personas a apreciar y proteger los valiosos recursos de nuestro país.

Los niños tienen acceso gratuito a los parques nacionales. El programa "Cada niño en un parque" brinda acceso gratuito a las familias de los niños de cuarto grado. ¿Por qué?

Llegar a los niños de esta edad aumenta su probabilidad de éxito académico.

Vuelve a leer y haz anotaciones en el texto siguiendo las instrucciones.

Vuelve a leer las primeras dos preguntas y respuestas. **Encierra en un círculo** los nombres de los programas de los parques nacionales que son importantes para George McDonald. Escríbelos aquí.

____

____

____

____

COLABORA

Vuelve a leer con un compañero. **Subraya** los detalles que te dicen más sobre George McDonald y su conexión con los parques nacionales. Comenta por qué lo eligió el autor.

Releer | LECTURA COMPLEMENTARIA

¿Cómo sabes que George McDonald piensa que es importante para los jóvenes visitar parques nacionales?

COLABORA

Coméntalo Vuelve a leer el fragmento de la página 77. Comenta con un compañero sobre los programas Encuentra tu parque y Cada niño en un parque.

Cita evidencias ¿Qué afirmaciones hace George McDonald con cada programa para convencer a los jóvenes de visitar los parques nacionales? Escribe la evidencia del texto en la tabla.

Encuentra tu parque	Cada niño en un parque

Escribe Sé que George McDonald piensa que es importante que los jóvenes visiten los parques nacionales porque ______________________

____

____

____

____

Acuérdate

Una afirmación es algo que una persona dice que es cierto. Los autores usan hechos y opiniones para probar sus afirmaciones. Los hechos son verdaderos, Las opiniones son lo que las personas piensan de algo.

Propósito del autor

El propósito del autor es su razón para escribir un texto. Puede escribirlo para informar al proveer datos sobre un tópico, entretener al contar una historia, o persuadir al lector para que esté de acuerdo con una opinión.

De lectores a escritores

Piensa en tu propósito al escribir. Si estás escribiendo para informar a tus lectores, incluye datos que los ayuden a aprender más sobre tu tópico.

BUSCAR EVIDENCIAS

En la página 54 de la ***Antología de literatura****, el autor empieza "5 preguntas para George McDonald" al decir que George trabaja para el Servicio de Parques Nacionales. Este dato me ayuda a comprender que el propósito del autor es informar a los lectores sobre George y su trabajo.*

> George McDonald es el director de los programas juveniles del lugar.

COLABORA

Tu turno Vuelve a leer la página 55 de la **Antología de literatura**. ¿Cómo te ayuda el autor a saber más sobre los hitos?

____

____

¿Cuál es el propósito del autor al escribir sobre los hitos? ¿Cómo lo sabes? ______________________________________

____

Conexiones del texto

¿En qué se parecen el mensaje de la ilustración de abajo y los mensajes de "Protejamos nuestros parques" y "5 preguntas para George McDonald"?

Acuérdate

Veo claves en la pintura que ayudan a contar la historia de Estados Unidos. Esto me ayuda a comparar el texto con la imagen.

COLABORA

Coméntalo Comenta con un compañero qué ves en la ilustración. Elige alguna de las cosas que ves y comenta por qué la gente querría visitar este lugar.

Cita evidencias **Encierra en círculo** dos cosas en la ilustración que hayas comentado con tu compañero. Lee la leyenda. **Subraya** en la leyenda claves sobre las personas en Estados Unidos.

Escribe El mensaje de la pintura de F. F. Palmer y los textos que leí esta semana se

parecen porque ______________________

____

____

____

____

F. F. Palmer es conocida por sus ilustraciones de la vida estadounidense. Ella creó "El paso de montaña" en 1867. Esta imagen muestra la cordillera de Sierra Nevada, uno de los paisajes más hermosos y el centro de la Fiebre del Oro de California, que comenzó en 1848.

Precisión y fraseo

Al leer en voz alta un texto argumentativo, lee con precisión los hechos, como los datos y números, para que el público pueda oírlos correctamente. Lee como si estuvieras hablando de forma natural. Haz pausas en las comas y los puntos. Sé expresivo cuando veas signos de interrogación y de exclamación. Este tipo de fraseo ayuda a que tu público te preste atención.

Acuérdate

No te apresures cuando leas los datos en voz alta. Lee a una velocidad que ayude al público a comprender los datos y cómo se relacionan con el tópico o idea principal.

Página 51

Nadie sabía que millones de personas visitarían los parques. No había pistas. ¡Más de 275 millones de personas los visitan cada año!

Lee los números con precisión.

Usa la expresión apropiada cuando veas un signo de exclamación.

COLABORA

Tu turno Túrnate con un compañero para leer en voz alta el primero y el segundo párrafo de "Demasiados visitantes" de la página 51 de la **Antología de literatura**. Presta atención a los datos, los números y la puntuación. Lee con precisión.

Después, piensa en cómo te expresaste. Completa estas oraciones.

Recordé que ____

____

La próxima vez ____

____

Texto modelo

Antología de literatura, páginas 50-53

Características de un ensayo persuasivo

Un **ensayo persuasivo** es un tipo de texto argumentativo porque:

- en la introducción, expresa claramente el punto de vista del autor, o afirmación sobre un tema.
- respalda la afirmación del autor con hechos y ejemplos.
- intenta convencer al lector para que esté de acuerdo con el punto de vista del autor.

Analiza el texto modelo Vuelve a leer la página 51 de "Protejamos nuestros parques" en la **Antología de literatura**. Usa la evidencia en el texto para responder estas preguntas.

¿Cómo sabes que el autor piensa que es importante proteger los parques nacionales? ______________________

____

¿Cómo trata de convencer el autor a los lectores de que los parques nacionales necesitan más protección?

____

____

____

gramatiNOTAS

En "Protejamos nuestros parques" se habla de las posiciones a favor y en contra sobre por qué los parques nacionales deben estar abiertos para todos los visitantes. Por lo general, en un ensayo persuasivo se elige una postura y se dan opiniones y datos para respaldar el argumento.

Planificar: Elige un tema

Lluvia de ideas Con un compañero, piensa en parques nacionales o hitos que conoces. ¿Por qué estos podrían ser lugares importantes para visitar y aprender sobre nuestro país? Usa estos comienzos de oración para comentar tus ideas.

Un parque o hito de EE. UU. que conozco es...

Una razón para visitar este lugar es...

Instrucción de escritura Elige uno de los parques o hitos que comentaste para escribir un ensayo persuasivo. Deberás convencer a tus lectores de que es un lugar importante para visitar y para aprender sobre nuestro país.

Escribiré acerca de ______________________________

Propósito y público El propósito de un autor es su razón principal para escribir un texto. El público son las personas que lo leerán.

La razón por la cual estoy escribiendo sobre este tema es ________

____

____

____

Planifica Piensa sobre lo que quieres que tus lectores aprendan acerca del lugar sobre el cual vas a escribir. ¿Por qué deberían visitar este lugar? Hazte preguntas y respóndelas en tu cuaderno de escritura.

Acuérdate

Cuando escribes un ensayo persuasivo, intentas convencer a tu audiencia para que esté de acuerdo con tu opinión. Mientras planeas tu ensayo persuasivo, pregúntate: *¿Qué hechos persuadirán a mis lectores para visitar el lugar sobre el que estoy escribiendo? ¿Dónde puedo encontrar esos datos?*

Planificar: Investigación

Identifica información relevante Deberás investigar tu tópico antes de comenzar a escribir. Usa enciclopedias, libros, sitios de internet y fuentes electrónicas para reunir información sobre el parque o hito de tu ensayo. Pide ayuda a un adulto para planificar tu investigación y decidir qué fuentes vas a usar. Asegúrate de hallar hechos y ejemplos relevantes, o relacionados con tu tópico.

Trabaja con un adulto para escribir tres pasos de la investigación.

1. ______________________________

2. ______________________________

3. ______________________________

Escribe aquí dos de las fuentes que hayas usado.

____

____

Toma notas En tu cuaderno de escritura, haz una tabla de idea principal y detalles. Toma nota de tres detalles que respalden tu opinión y escríbelos en la tabla.

Acuérdate

Un adulto puede ayudarte a desarrollar y seguir tu plan de investigación. Algunos de los pasos incluyen decidir dónde buscar la información que necesitas, hallar las mejores fuentes y tomar notas.

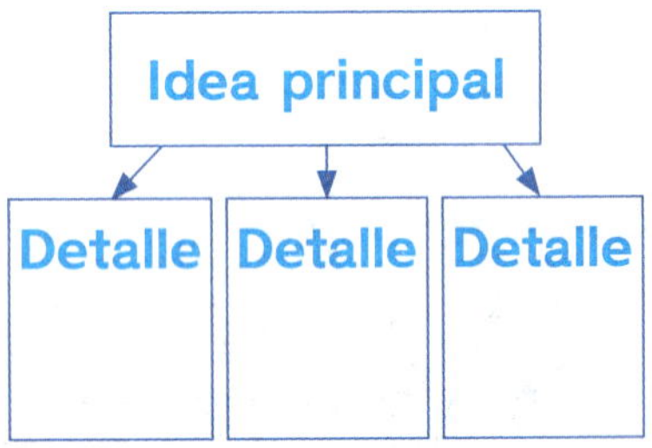

Hacer un borrador

COLABORA

Hechos y opinión Los escritores usan hechos para respaldar sus opiniones. Los hechos son enunciados verdaderos y pueden probarse. Las opiniones son creencias que pueden ser verdaderas o no. En el ejemplo, el autor respalda con hechos su opinión.

> El Servicio de Parques Nacionales considera que todos deberían ser capaces de visitar los parques y monumentos de Estados Unidos. Su misión es proteger la tierra para que todos puedan disfrutarla. Quiere que las familias caminen por los senderos, observen la vida silvestre y aprendan la historia de nuestro país. Pero, los visitantes necesitan baños, aparcamientos y sitios para comer.

Usa el párrafo anterior como modelo para escribir acerca del parque o hito que hayas elegido. Recuerda que debes usar hechos.

Escribe un borrador Mira tu tabla de idea principal y detalles. Úsala para escribir tu borrador en tu cuaderno de escritura. Recuerda exponer tu argumento con claridad, luego respáldalo con hechos.

Acuérdate

Cuando uses hechos para respaldar tu opinión, asegúrate de parafrasear, o usar tus propias palabras. Lee el hecho varias veces para estar seguro de que lo comprendiste. Luego explícalo con tus propias palabras.

Revisar

Introducción interesante Los ensayos persuasivos que tienen una introducción interesante comienzan indicando claramente la opinión del autor. También atraen la atención de los lectores para que quieran continuar la lectura.

COLABORA

Vuelve a leer los dos primeros párrafos de la página 51 de "Protejamos nuestros parques" de la **Antología de literatura**. Comenta con un compañero cómo el autor atrae tu atención. Escribe tu respuesta.

____

____

____

Acuérdate

Piensa en los hechos que aprendiste mientras investigabas tu tema. ¿Qué hecho atrajo tu atención? Utilízalo para escribir una introducción interesante que haga que tu público quiera aprender más.

Revisión Es momento de revisar tu escrito. Lee tu borrador y busca partes en las que puedas:

- expresar tu opinión más claramente.
- incluir hechos que atraigan la atención de los lectores.

Encierra en un círculo dos oraciones de tu borrador que puedas cambiar. Revísalas y escríbelas.

1 ____

2 ____

Charlas entre compañeros

COLABORA

Revisión del borrador Escucha con atención mientras tu compañero lee su borrador en voz alta. Comenta lo que te gustó. Usa estos comienzos de oración como guía para la charla:

Me gusta cómo comenzaste tu ensayo porque...

Agrega otro hecho aquí para...

Me convenciste/no me convenciste porque...

Tengo una pregunta sobre...

Sugerencias de compañeros Cuando tu compañero haya comentado tu borrador, escribe una de las sugerencias que aplicarás en tu revisión.

____

____

____

Revisión Cuando termines de comentar con tu compañero, consulta las sugerencias de Comprobar la revisión para determinar qué partes puedes cambiar para mejorar tu ensayo persuasivo. Recuerda utilizar las pautas de evaluación en la página 89 para ayudarte con tu revisión.

Comprobar la revisión

- ☐ ¿Expreso de forma clara mi afirmación?
- ☐ ¿Tiene mi ensayo una introducción interesante?
- ☐ ¿Incluyo suficientes hechos para respaldar mi afirmación?
- ☐ ¿Mi ensayo está organizado para que sea fácil de entender?

tecnoNOTAS

El programa de computadora que usas para escribir tu borrador debería incluir un diccionario. Este diccionario te ayudará a encontar sinónimos de palabras que quieras reemplazar. El uso de palabras nuevas puede hacer que tu ensayo sea más interesante de leer.

Corregir

Al corregir tu ensayo persuasivo, tienes que buscar errores de ortografía, de puntuación y de otros aspectos gramaticales. Lee el borrador al menos tres veces. De esta manera, estarás seguro de no pasar por alto ningún error. Usa las sugerencias de Comprobar la corrección a continuación para corregir tus oraciones.

Comprobar la corrección

- ☐ ¿Comienzan todas las oraciones en mayúscula y terminan con un signo de puntuación?
- ☐ ¿Comienzan en mayúscula los nombres de los parques e hitos?
- ☐ ¿Se usan oraciones simples y compuestas?
- ☐ ¿Están todas las palabras escritas correctamente?

Enlace gramatical

Al revisar tu borrador para encontrar errores, recuerda que puedes usar una combinación de oraciones simples y compuestas. Esto hará que tu ensayo sea más interesante. Una oración simple es una oración completa formada por un sujeto y un predicado. Una oración compuesta está formada por dos oraciones simples unidas por palabras como *y*, *pero*, *o* y *sino*.

Escribe dos errores que hayas encontrado al revisar tu ensayo.

1. ______________________________

____

____

2. ______________________________

____

Publicar, presentar y evaluar

Publicación Al publicar tu texto, muestra una copia limpia, clara y sin errores. Si no estás usando una computadora, usa tu mejor caligrafía. Escribe legiblemente en letra impresa o cursiva.

Presentación Cuando estés listo para presentar tu trabajo, ensaya tu presentación. Como guía, lee las pautas de Comprobar la presentación.

Evaluación Después de publicar tu texto, lee las pautas de evaluación para calificartu texto.

¿Qué aspectos son satisfactorios? ______________________

____

¿Qué partes requieren más trabajo? ______________________

____

Comprobar la presentación

- ☐ Mira al público.
- ☐ Habla lentamente y con claridad.
- ☐ Presenta tu opinión y hechos con confianza.
- ☐ Piensa antes de responder las preguntas.

4	3	2	1
• El argumento se expresa claramente en una introducción interesante. • Se incluyen muchos hechos de apoyo. • Muy pocos errores gramaticales, de escritura o de puntuación.	• El argumento se expresa claramente. • Se incluyen hechos de apoyo. • Algunos errores gramaticales, de escritura o de puntuación.	• El argumento no es demasiado claro. • Se incluyen pocos hechos de apoyo. • Varios errores gramaticales, de escritura o de puntuación.	• El argumento no se expresa. • Se incluye solo un hecho de apoyo. • Muchos errores gramaticales, de escritura o de puntuación.

LO QUE APRENDISTE

Repaso en espiral

En la Unidad 1 has estudiado destrezas y estrategias que te permitirán convertirte en un lector más crítico. Ahora es momento de poner en práctica lo que aprendiste.

- **Títulos**
- **Mapas**
- **Idea principal y detalles clave**
- **Palabras compuestas**
- **Personaje, ambiente, trama: Secuencia**
- **Diálogo**
- **Visualizar**
- **Claves de contexto**

Conectar con el contenido

- **Crear un diagrama de Venn**
- **Escribir un anuncio**
- **Lectura digital**

Lee la selección y elige la respuesta correcta a cada pregunta.

Recordar San Jacinto

1 El monumento más alto del mundo se encuentra en LaPorte, Texas. Mide 565 pies. Conmemora la victoria de 1836 en la que Texas declaró su independencia de México.

La batalla de San Jacinto

2 En la década de 1820, México se independizó de España. Los mexicanos le dieron la bienvenida a los estadounidenses para establecerse en Texas. Con el tiempo, estos superaron en número a los mexicanos, quienes empezaron a temer la pérdida de su territorio y decidieron no recibir a más colonos.

3 Con el tiempo, los texanos se cansaron del gobierno mexicano. Querían ser independientes. En octubre de 1835, se desató la Revolución de Texas. Los texanos perdieron las batallas de El Álamo y Goliad.

4 El 21 de abril de 1836, los texanos, atacaron por sorpresa a las tropas mexicanas. Los mexicanos contaban con 1500 soldados. Los texanos solo con 800. Se escondieron detrás de árboles y colinas, y luego atacaron.

Jorg Hackemann/Shutterstock

5 En tan solo 18 minutos, los texanos ganaron la batalla. Ese mismo día, capturaron a 700 mexicanos, incluyendo al general. Lo liberaron cuando acordó terminar la guerra. Solo 6 texanos murieron.

Visitar el monumento

6 La construcción del monumento comenzó durante la celebración del centésimo aniversario de la batalla. Se inauguró tres años después. Conmemora a todas las personas que lucharon por la independencia de Texas.

7 Hoy en día, puedes visitar el campo de batalla de San Jacinto y el monumento. Tiene una estrella grande en la punta y un museo en la base. Puedes subir 489 pies por el ascensor y ver el campo de batalla, Houston y la Bahía de San Jacinto.

LO QUE APRENDISTE

1. ¿Qué información esperas encontrar bajo el título "La batalla de San Jacinto"?

   A la descripción de un monumento

   B la fecha en la que la batalla tuvo lugar

   C lo que puedes hacer en el sitio

   D la altura a la que llega el ascensor

2. Mira el mapa. Usa la rosa de los vientos. Desde el monumento de San Jacinto, ¿en qué dirección está el acorazado *Texas*?

   F este   **H** norte

   G oeste   **J** sur

3. ¿Cuál es la idea principal del texto?

   A México se independizó de España en la década de 1820.

   B Los texanos se cansaron de México y deseaban su independencia.

   C El monumento de San Jacinto conmemora a los que lucharon por la independencia de Texas.

   D Hay muchas cosas que hacer en el campo de batalla San Jacinto.

4. ¿Cuál de las siguientes es una palabra compuesta en el párrafo 2?

   F bienvenida   **H** territorio

   G mexicano   **J** colono

Acuérdate

La idea principal de un fragmento es acerca de lo que trata mayormente ese fragmento. Los detalles respaldan la idea principal.

Lee la selección y elige la respuesta correcta a cada pregunta.

Un regalo extraordinario

1 Pronto sería el cumpleaños de Julia. Diana, su mejor amiga, ya tenía un hermoso regalo para hacerle. Había armado unas figuras en origami gracias a las enseñanzas de sus abuelos maternos. Ellos eran japoneses.

2 Pero Diana no sabía cómo entregarle el regalo a su amiga. Las grullas, los perros y los peces de papel podrían arrugarse.

3 Esa semana sus abuelos maternos estaban de viaje. Diana no podía pedirles un consejo.

4 La abuela paterna se llamaba Itzia. Era de origen maya. Vio a Diana pensativa y se preocupó. Cuando la niña le contó cuál era su problema, la abuela se detuvo a pensar. Después de un momento, dijo:

5 —Tengo una idea. Ahora yo puedo enseñarte a tejer una cesta de palma de acuerdo con la cultura maya. De ese modo, podrás regalarle a Julia las figuras de origami japonés dentro de la cesta de palma maya.

6 A Diana se le iluminó la cara.

7 —¡Qué buena idea, abuela! ¡Le regalaré a Julia artesanías de las dos culturas de mi familia!

8 —Y hechas por ti misma —dijo la abuela con una sonrisa.

LO QUE APRENDISTE

9 Diana y la abuela fueron al mercado. Compraron palmas, tijeras, pintura, lana y alambre.

10 Durante los días siguientes, Diana aprendió a cortar la palma, acomodarla sobre un molde de metal y trenzarla. La abuela le mostró cuáles eran las palmas más adecuadas. Le dijo cómo doblarlas sin romperlas.

11 Para Diana era muy importante que la abuela la guiara. Pero también que la dejara armar la cesta sola. Entonces, la abuela Itzia le indicó cómo pintar y cómo armar las asas.

12 Por fin la cesta de palmas maya para Julia estuvo lista.

13 —Es la cesta más bella que he visto en muchos años. Y jamás he visto a alguien hacerla con tanto amor —dijo la abuela muy contenta—. Le harás a Julia un regalo extraordinario.

14 Diana colocó las figuras de origami en la cesta. A ella también le parecía un regalo extraordinario. Simbolizaba su historia y su cultura.

15 Diana se fue a dormir feliz. Estaba segura de que Julia sabría la importancia de este regalo.

1. ¿Quién habla en el párrafo 1?
   - **A** Julia
   - **B** la abuela
   - **C** Itzia y la abuela
   - **D** un narrador

2. ¿Qué objeto de la cultura maya menciona la abuela?
   - **F** cesta de palma
   - **G** figura de origami
   - **H** pintura
   - **J** lana

3. En los párrafos 5-7, ¿qué clave de contexto explica qué es una cesta de palma?
   - **A** artesanía
   - **B** tejer
   - **C** maya
   - **D** cultura

4. ¿Por qué el regalo que hizo Diana es extraordinario?
   - **F** Porque costó mucho dinero.
   - **G** Porque simbolizaba su historia y su cultura.
   - **H** Porque su abuela tuvo una idea.
   - **J** Porque lo hizo sin romper las palmas.

Acuérdate

Las claves de contexto son palabras y frases que ayudan a los lectores a descubrir el significado de palabras desconocidas. Busca claves de contexto en las oraciones cercanas.

AMPLÍA LO QUE APRENDISTE

COMPARAR GÉNEROS

- En la **Antología de literatura**, vuelve a leer el texto de narrativa de ficción *Gary el soñador* en las páginas 10 y 21 y el texto argumentativo "Protejamos nuestros parques" en las páginas 50 y 53.
- Usa el diagrama de Venn para mostrar en qué se parecen y en qué se diferencian los dos géneros.

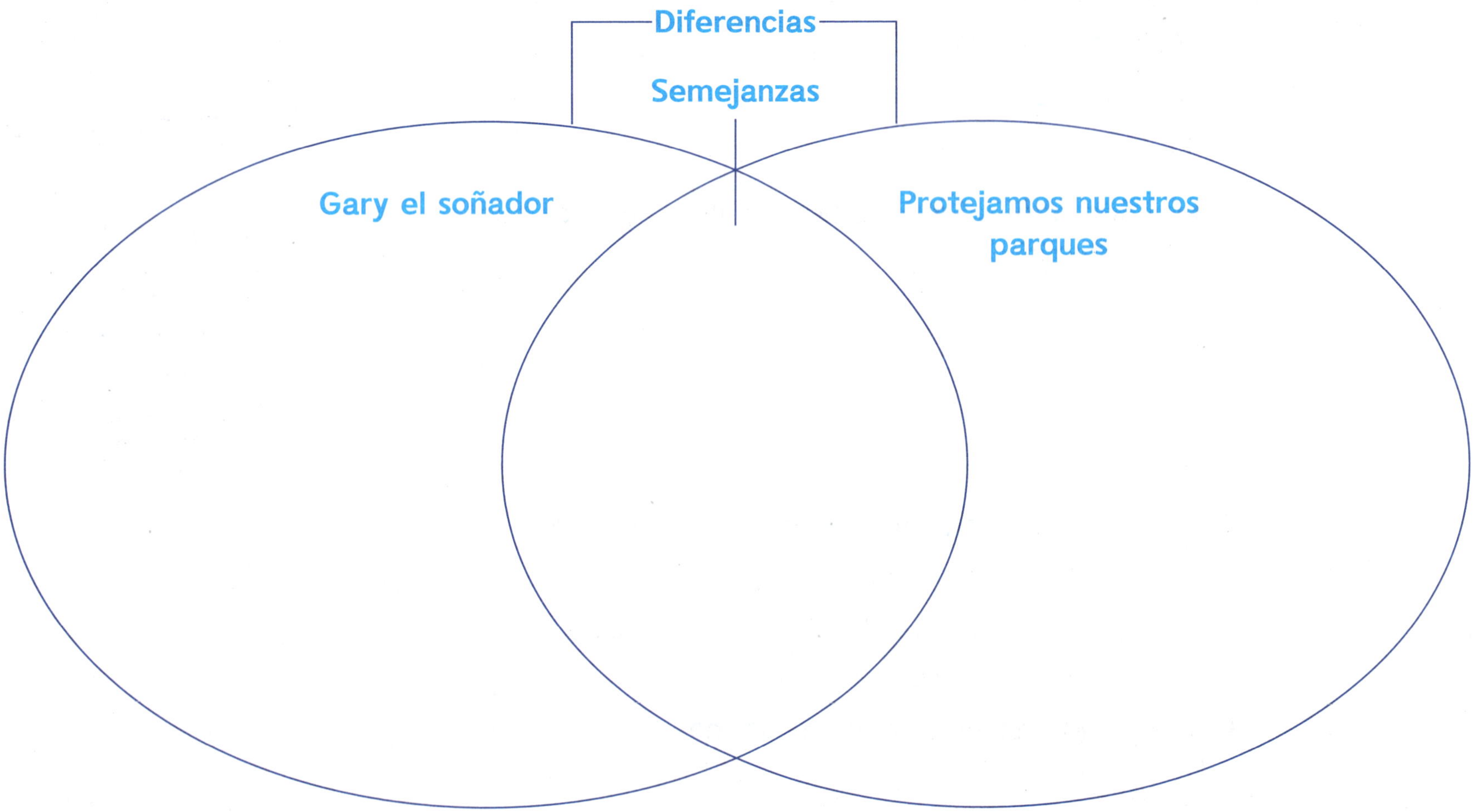

HOMÓGRAFOS

Los homógrafos son palabras que se escriben igual pero tienen diferentes significados. Puedes usar las palabras cercanas como claves para ayudarte a hallar el significado correcto del homógrafo en una oración.

- Lee las oraciones y halla el homógrafo.
- Usa las palabras cercanas como claves para ayudarte a hallar el significado del homógrafo en cada oración.

1. *Un barco navegaba por las aguas del canal.*
2. *Mi televisor siempre está sintonizado en el canal de noticias.*

El homógrafo es ________________________________

Usé ________________________ para hallar el significado del homógrafo en la oración 1. El homógrafo significa ____________

____

Usé ________________________ para hallar el significado del homógrafo en la oración 1. El homógrafo significa ____________

____

AMPLÍA LO QUE APRENDISTE

ESCRIBIR UN ANUNCIO

El propósito de un anuncio es persuadir a las personas para que hagan algo o que compren un producto. Escribe un anuncio que persuada a las personas para que visiten tu hito favorito. Di a tus lectores cosas positivas sobre el hito que deseas que visiten.

- Elige tu hito favorito sobre el que quieres escribir.
- Investiga hechos sobre el hito y escribe el anuncio.
- Dibuja un mapa del hito.

El hito sobre el que decidí hacer un anuncio es ____________________

Elegí este hito porque ____

ESCRIBIR INSTRUCCIONES

Cuando escribes instrucciones, das indicaciones paso a paso para hacer algo. Las instrucciones suelen incluir palabras que indican secuencia como *primero, luego* y *finalmente*.

- Piensa en una celebración cultural de tu familia.
- Escribe instrucciones paso a paso sobre cómo celebrarla.
- Lee tus instrucciones a un compañero. Pídele a tu compañero que las repita. Luego pídele a tu compañero que te lea sus instrucciones. Repítelas. Escribe algo que aprendiste de la celebración de tu compañero.

____

____

LEER EN LÍNEA

ESTUDIOS SOCIALES

COLABORA

Entra en **my.mheducation.com** y lee el artículo de Time for Kids: "El fútbol es el juego de Estados Unidos", incluyendo la información que hay en los elementos interactivos. Responde estas preguntas:

- ¿Cuál es una afirmación o una opinión en este texto?

____

____

____

- ¿Cómo el autor respalda su afirmación u opinión?

____

____

____

- ¿Para qué lectores crees que el autor escribió este artículo? Usa la evidencia del texto para explicar por qué.

____

____

____

____

El fútbol es el juego de Estados Unidos

Este deporte se está volviendo cada vez más popular en el país.

Time for Kids: "El fútbol es el juego de Estados Unidos".

(t)Banana Stock/Alamy Stock Photo;(b)strickke/E+/Getty Images

EVALÚA TU PROGRESO

¿QUÉ APRENDÍ?

Lee las pautas de evaluación para calificar tu dominio de las destrezas de esta unidad. Escribe la puntuación más abajo, en cada destreza.

4	3	2	1
Puedo identificar con éxito todos los ejemplos de esta destreza.	Puedo identificar la mayoría de los ejemplos de esta destreza.	Puedo identificar pocos ejemplos de esta destreza.	Necesito trabajar más en esta destreza.

☐ Estructura del texto ☐ Secuencia ☐ Idea principal y detalles

☐ Palabras compuestas ☐ Claves de contexto ☐ Palabras con significados múltiples

Algo en lo que debo trabajar más es ______________________

porque ______________________

____

____

El texto y tú Piensa en los textos que has leído en esta unidad. Elige uno y escribe un párrafo breve en el que expliques una conexión personal que hayas establecido con el texto.

Hice una conexión personal con ______________________

porque ______________________

____

ESTUDIOS SOCIALES

Presentar el trabajo

COLABORA

Usa la lista de Comprobar la presentación para practicar tu presentación. Comenta los comienzos de oración a continuación y escribe tus respuestas.

Un dato interesante que aprendí del hito o del monumento en mi postasl es ______________________________

____

Me gustaría saber más acerca de ______________________

____

Lee tu postal a la clase. Después de la presentación de cada compañero, localiza el hito o el monumento en un mapa de Texas. Resalta Austin, la capital del estado de Texas.

Acuérdate

Busca o dibuja una versión más grande de la imagen que pusiste en tu postal. Muestra la versión más grande mientras presentas tu postal para que todos tus compañeros puedan verla mejor.

Comprobar la presentación

- ☐ Practicaré la presentación de mi postal.
- ☐ Nombraré claramente el hito mientras lo describo.
- ☐ Explicaré los hechos acerca del hito.
- ☐ Luego señalaré en el mapa dónde se encuentra el hito.

Coméntalo

Pregunta esencial

¿En qué forma contribuimos a que funcione el gobierno?

COLABORA

Hoy los estudiantes elegirán al presidente de la clase. Votarán por la persona que creen que será mejor para esa tarea. Votar es un modo de decir lo que piensas. Te da el poder de elegir.

Mira la fotografía. Habla acerca de qué están haciendo los niños. Escribe lo que ves en la red de palabras.

Votar

BLAST BACK! studysync

Lee en **my.mheducation.com** el *blast* "A votar". Piensa en cómo votar puede resolver un problema. Respóndelo y envíalo.

LECTURA COMPARTIDA

TOMA NOTAS

Cuando entiendes por qué estás leyendo, podrás decidir cómo leer. Si estás buscando información, es posible que quieras volver a leer algunas secciones para asegurarte de que has comprendido. Mira el texto antes de leerlo y escribe tu propósito de lectura.

____

____

____

Mientras lees, toma nota de:

Palabras Interesantes: ________

____

____

Detalles clave: ____________

____

____

____

Pregunta esencial

¿En qué forma contribuimos a que funcione el gobierno?

Lee sobre un grupo que enseña a los niños acerca del poder del voto.

TongRo Image Stock/Corbis

¿Alguna vez votaste? Tal vez **elegiste** la mascota de la clase. O tu familia votó por qué película ver. Si alguna vez votaste, entonces sabrás que te hace sentir bien. Votar es importante porque con el voto les dices a otros lo que piensas.

Hace muchos años, los líderes de Estados Unidos querían saber lo que pensaba la gente. Entonces escribieron un plan para nuestro **gobierno**. Se llama Constitución y les da a los ciudadanos de Estados Unidos el derecho a votar.

Las personas pueden votar por líderes y leyes nuevas a partir de los dieciocho años. Votar da a los estadounidenses el poder de elegir.

BUSCAR EVIDENCIAS

Leer

Párrafo 1

Punto de vista del autor

¿Por qué el autor piensa que es importante votar? **Encierra en un recuadro** la evidencia del texto.

Párrafos 2 y 3

Volver a leer

¿Qué es la Constitución? **Encierra en un círculo** la evidencia del texto sobre qué es. **Subraya** el texto que dice lo que hace y escríbelo aquí.

____

____

____

Releer

Técnica del autor

¿Cómo te ayuda el autor a entender el papel que juega la votación en una sociedad?

BUSCAR EVIDENCIAS

Leer

Párrafo 1

Punto de vista del autor

¿Qué opina el autor de las personas que no votan?

____

____

____

Encierra en un recuadro la evidencia en el texto.

Párrafo 2

Títulos

¿Cuál es el título de esta sección? Escríbelo aquí

____

____

____

Subraya la evidencia en el texto de cómo Kids Voting USA enseña a los niños a votar.

Enseñar a votar a los niños

Lamentablemente, solo votan seis de cada diez estadounidenses. Algunas personas creen que votar es muy difícil. No saben bien dónde deben votar o creen que les llevará demasiado tiempo. El grupo Kids Voting USA se especializa en **convencer** a todos para que voten.

Kids Voting USA enseña a los niños que votar es importante. Les da lecciones a los maestros para que las usen en clase. Los niños leen cuentos y hacen actividades divertidas relacionadas con el gobierno. También aprenden cómo **elegir** un buen líder.

¡Llegó el día de la elección!

Primero debemos firmar.

Luego los niños conversan con sus familias. Releen artículos sobre los **candidatos**, las personas que quieren ser elegidas como líderes. Las familias comentan sus ideas y toman **decisiones**. Así, en el momento de la elección, los niños saben por quién quieren votar.

El día de la elección, los niños usan papeletas de votación como las que hay en las elecciones reales. Estas papeletas tienen los nombres de los candidatos. Los niños indican allí a quién han elegido. Después, colocan la papeleta en una caja especial llamada urna. Por último, los votos se cuentan y se recuentan. Luego, se **anuncia** quién ha ganado.

Luego marcamos una papeleta.

Por último, ¡votamos!

BUSCAR EVIDENCIAS

Leer

Párrafo 1

Volver a leer

Subraya dos cosas que ayudan a los niños a decidir por quién votar.

Párrafo 2

Prefijos

Encierra en una caja *recuentan.* Escribe el prefijo aquí.

___

___

¿Qué significa *recuentan*?

___

___

___

Releer

Técnica del autor

¿Cómo te ayuda el autor a entender qué es una papeleta?

LECTURA COMPARTIDA

BUSCAR EVIDENCIAS

Leer

Párrafo 1

Volver a leer

Subraya cómo votar ayuda a los niños. ¿Por qué quiere Kids Voting USA que los niños voten ahora?

____

____

Párrafo 2

Punto de vista del autor

¿Qué opina el autor de que los niños de tu edad puedan votar?

____

Encierra en un círculo la evidencia en el texto que apoye tu respuesta.

Releer

Técnica del autor

¿Cómo usa el autor las leyendas para ayudarte a entender cómo aprenden los niños a votar?

Vota ahora

Votar enseña a los niños a ser **independientes** porque les da el poder de decir lo que piensan. Los integrantes de Kids Voting USA quieren que los niños voten ahora. Tienen una buena razón: **calculan** que estos niños querrán votar cuando crezcan.

Dentro de unos diez años, los niños de tu edad podrán votar. Tendrás el poder de ayudar a elegir grandes líderes y nuevas leyes. ¿No es emocionante?

En muchas escuelas se hacen elecciones para enseñar a los niños a votar.

La gráfica de barras muestra los resultados de una elección de la clase. ¿Qué mascota fue la favorita?

Resumir

Usa tus notas y piensa en la importancia de votar. Resume tus ideas.

Phil Coale/AP Images

BUSCAR EVIDENCIAS

Leer

Párrafo 1

Volver a leer

¿Qué muestra la gráfica de barras?

____

Subraya la evidencia en el texto.

Gráfica de barras

Mira la gráfica de barras. **Encierra en un círculo** las mascotas de la elección de la clase. ¿Qué mascota obtuvo más votos?

____

¿Cuántos votos obtuvo?

____

Releer

Técnica del autor

¿Cómo te ayuda la gráfica de barras a entender más sobre cómo votar?

Vocabulario

A partir de las oraciones que se dan como ejemplo, comenta cada palabra con un compañero. Luego, responde las preguntas.

anunciar

La maestra **anunció** la mascota ganadora de la elección.

¿Qué es lo que anunció la maestra?

____

____

calcular

Shauna trató de **calcular** el peso de su gato.

¿Qué significa calcular algo?

____

____

Tu lista de palabras Vuelve a leer el segundo párrafo de la página 105. Encierra en un recuadro la palabra *derecho*. Busca la definición de *derecho* en el diccionario. Escribe en tu cuaderno de escritura una oración que use la palabra *derecho*.

candidato

Andrew estaba contento de ser uno de los **candidatos** a presidente de la clase.

¿Cuáles son algunas de las cosas que hacen los candidatos antes de una elección?

____

____

convencer

Amir trató de **convencer** a su amigo de jugar al béisbol.

¿Qué debe hacer una persona para convencerte de que es una buena candidata?

____

____

decisión

Jasmine tomó dos **decisiones** sobre qué desayunar esta mañana.

¿Qué dos decisiones tomas todos los días?

____

____

elegir

Los compañeros del equipo votamos para **elegir** al capitán.

Escribe un sinónimo de elegir.

____

____

gobierno

Miguel fue a la municipalidad para aprender sobre su **gobierno** local.

Escribe una cosa que haga el gobierno local.

____

____

independiente

Debemos ser **independientes** y hacer las cosas por nuestra cuenta.

¿Cómo puedes ser más independiente en tu casa?

____

____

Prefijos

El prefijo es la parte de una palabra que se agrega al principio de una palabra y cambia su significado. El prefijo *in-* significa "no". El prefijo *re-* significa "otra vez".

BUSCAR EVIDENCIAS

En el primer párrafo de la página 107, leo esta frase: "Releen artículos sobre los candidatos". La palabra releen *tiene el prefijo* re-. *Sé que el prefijo* re- *significa "otra vez". La palabra* releen *debe significar "leen otra vez".*

Releen artículos sobre los candidatos.

Tu turno Busca la palabra *independiente* en la página 108. Usa el prefijo para deducir el significado de la palabra.

independiente, página 108 ______________________________

____

____

Volver a leer

Haz una pausa y piensa en el texto mientras lees. ¿Entiendes lo que estás leyendo? ¿Tiene sentido? Vuelve a leer para asegurarte de que has comprendido el texto.

BUSCAR EVIDENCIAS

¿Entendiste por qué el autor considera que votar es importante? Vuelve a leer la página 105.

Página 105

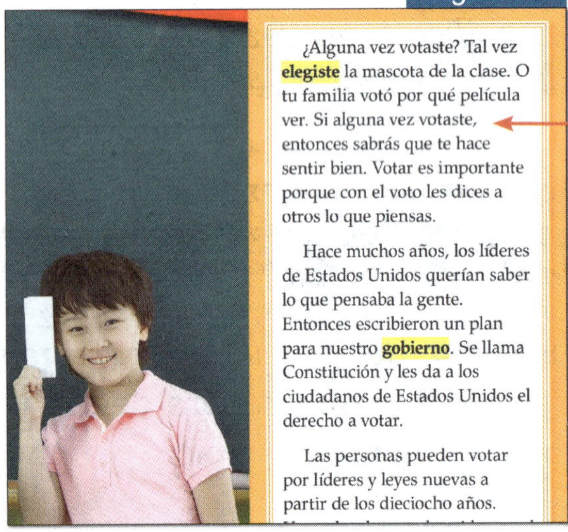

¿Alguna vez votaste? Tal vez **elegiste** la mascota de la clase. O tu familia votó por qué película ver. Si alguna vez votaste, entonces sabrás que te hace sentir bien. Votar es importante porque con el voto les dices a otros lo que piensas.

Hace muchos años, los líderes de Estados Unidos querían saber lo que pensaba la gente. Entonces escribieron un plan para nuestro **gobierno**. Se llama Constitución y les da a los ciudadanos de Estados Unidos el derecho a votar.

Las personas pueden votar por líderes y leyes nuevas a partir de los dieciocho años.

Leo que votar es un modo de decir lo que piensas. Es una manera de elegir nuevos líderes y leyes. Ahora comprendo por qué el autor considera que votar es importante.

Acuérdate

Cuando vuelves a leer el texto, verificas tu comprensión. Hacerte preguntas es un modo de comprender el texto mientras lo lees.

COLABORA

Tu turno ¿Cómo enseña Kids Voting USA a los niños a votar? Vuelve a leer el segundo párrafo de la página 107. Escribe tu respuesta.

____

____

Títulos y gráficas de barras

"¡Cada voto cuenta!" es un **texto expositivo**. Este contiene:

- datos e información sobre un tema.
- títulos que indican de qué tratan las secciones.
- elementos del texto, como títulos y gráficas de barras.

BUSCAR EVIDENCIAS

Sé que "¡Cada voto cuenta!" es un texto expositivo porque informa cómo votar. Tiene títulos y una gráfica de barras.

De lectores a escritores

Mira los títulos en "¡Cada voto cuenta!". Los títulos indican de qué tratarán las secciones. Los autores utilizan los títulos para organizar el texto. Cuando escribes, usa títulos para organizar tu tópico o idea.

Página 109

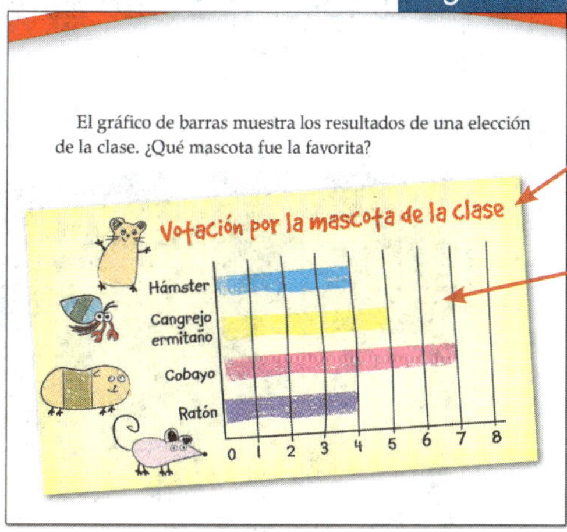

Títulos

El título indica de qué trata una sección del texto.

Gráfica de barras

Es un tipo de dibujo especial. Te ayuda a comprender y a comparar números e información de forma rápida y sencilla.

COLABORA

Tu turno Mira la gráfica de barras de la página 109. Comenta con un compañero algo que hayas aprendido. Escribe tu respuesta.

____

____

____

Punto de vista del autor

Los autores tienen un punto de vista sobre una idea o tópico. Busca detalles que muestren lo que el autor piensa y siente. Luego decide si estás de acuerdo con su punto de vista.

Acuérdate

Para decidir si estás de acuerdo con el autor, compara su punto de vista con tu experiencia personal y con tus ideas sobre la sociedad.

BUSCAR EVIDENCIAS

¿Qué piensa el autor sobre votar? Vuelvo a leer el texto y busco detalles que me informan lo que piensa. Esto me ayudará a darme cuenta de cuál es su punto de vista.

Detalles
El título del texto es "¡Cada voto cuenta!"
El autor piensa que es lamentable que solo voten seis de cada diez estadounidenses.
Votar les da a los estadounidenses el derecho a elegir.

Punto de vista
Es importante votar. Todos deberíamos votar.

Los detalles me ayudan a conocer el punto de vista del autor.

Richard Hutchings/Corbis Documentary/Getty Images

COLABORA

Tu turno Vuelve a leer "¡Cada voto cuenta!". Busca detalles que muestren qué piensa el autor sobre Kids Voting USA y escríbelos en la tabla. ¿Cuál es el punto de vista del autor? ¿Estás de acuerdo?

Detalles

Punto de vista del autor

Responder a la lectura

COLABORA

Responde por escrito la siguiente pregunta. Piensa en las diferentes formas en las que el autor explica cómo votar. Usa tus notas y organizador gráfico.

¿Cómo te ayuda el autor a entender que cada voto cuenta?

Acuérdate

Usa estos comienzos de oración para hablar sobre la pregunta.

El autor usa...

Esto me ayuda a entender que...

La gráfica de barras me ayuda a ver...

Enlace gramatical

Asegúrate de usar oraciones completas. Una oración completa es un grupo de palabras que transmite un pensamiento completo.

Recuerda que un enunciado cuenta algo y termina con un punto. Una oración interrogativa pregunta sobre algo y se escribe entre signos de interrogación.

Integrar **BÚSQUEDA E INVESTIGACIÓN**

ESTUDIOS SOCIALES

Escribir una carta

Una **carta de agradecimiento** es una manera de decirle a alguien que estás agradecido por algo que hizo. Una **carta de agradecimiento**:

- incluye un saludo.
- usa un tono amigable y explica las ideas y los motivos.
- tiene una despedida.

Piensa en tu ciudad. Muchas personas se esfuerzan para brindar servicios. Por ejemplo, las personas que recogen los residuos y cuidan los caminos y los parques. Eso requiere mucho trabajo.

Lee la carta de agradecimiento de abajo. ¿Por qué Akilah le envió esta carta a la señora James?

Acuérdate

Piensa en el lugar donde vives. Usa estos comienzos de oración para decidir a quién agradecer.

Los parques son...

Me siento seguro porque...

COLABORA

Escribe una carta de agradecimiento Elige a una persona que trabaje en tu ciudad. Escríbele una carta de agradecimiento. Recuerda que debes:

- escribir los motivos por los que estás agradecido.
- escribir en un tono informal y amigable, y usar vocabulario cotidiano.
- incluir tu nombre.

Agrégale una ilustración a tu carta. Compártela con un compañero.

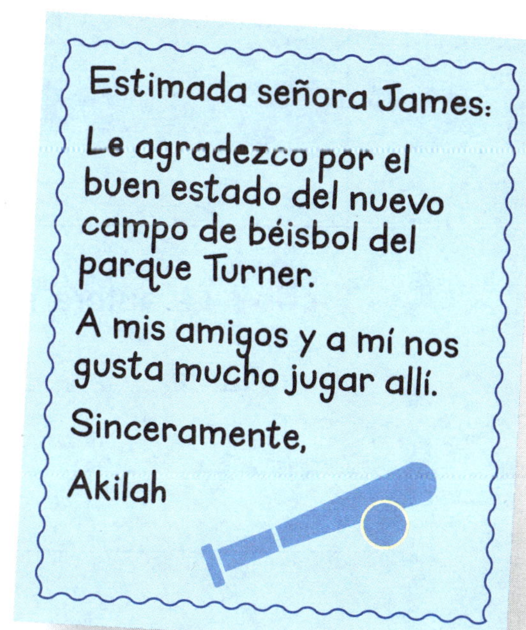
Estimada señora James:

Le agradezco por el buen estado del nuevo campo de béisbol del parque Turner.

A mis amigos y a mí nos gusta mucho jugar allí.

Sinceramente,

Akilah

Releer | TEXTO PRINCIPAL

Antología de literatura, páginas 96–115

¡A votar!

¿Cómo te ayuda la autora a comprender que votar es importante?

COLABORA

Coméntalo Vuelve a leer la página 100 y mira las ilustraciones. Conversa con un compañero acerca de lo importante que es el voto de cada persona.

Cita evidencias ¿Qué claves en el texto y las ilustraciones te ayudan a ver que cada voto cuenta? Escribe la evidencia en la tabla.

Evidencia del texto	Claves de la ilustración	Cómo ayuda

Escribe La autora me ayuda a comprender por qué votar es importante ________________________________

____

____

____

Evaluar la información

Mientras lees, evalúa los detalles para identificar las ideas clave. Pregunta: *¿Qué detalles usa la autora para ayudarme a entender qué opina sobre votar?* Enfócate en las pistas que te ayuden a ver por qué votar es importante.

¿Cómo usa la autora las ilustraciones y los globos de diálogo para mostrar cómo votan las personas?

COLABORA

Coméntalo Analiza las ilustraciones y los globos de diálogo de las páginas 108-109. Conversa con un compañero sobre votar.

Cita evidencias ¿Cómo te ayudan las imágenes y las palabras a comprender el proceso de votación? Usa evidencia del texto para completar la tabla.

Las ilustraciones muestran	Los globos de diálogo explican

Escribe Las ilustraciones y los globos de diálogo me ayudan a entender ______________________________

____

____

____

Acuérdate

Puedo usar estos comienzos de oración cuando hablamos sobre cómo votar.

Las ilustraciones muestran...

Los globos de diálogo me ayudan a entender...

Hacer inferencias

Las ilustraciones muestran cortinas que rodean cada cabina de votación. Usa la evidencia y haz una inferencia, o una suposición educada, para contestar la pregunta: ¿Por qué las cabinas de votación tienen cortinas?

Releer | # TEXTO PRINCIPAL

¿Cómo te ayuda la autora a comprender lo que sucede en una ceremonia de juramentación?

COLABORA

Coméntalo Mira las ilustraciones de las páginas 114 y 115. Conversa con un compañero acerca de lo que sucede durante y después de una ceremonia de juramentación.

Cita evidencias ¿Cómo sabes lo que sucede durante y después de la ceremonia de juramentación? Escribe las claves aquí.

Escribe La autora me ayuda a comprender lo que sucede al

____

____

____

Acuérdate

Cuando vuelvo a leer puedo buscar la evidencia del texto para contestar las preguntas.

Hacer inferencias

Una inferencia es una suposición basada en la evidencia. La autora dice que la nueva alcaldesa no podrá complacer a todos todo el tiempo. Haz una inferencia acerca de qué grupo de votantes está más contento con ella, y cuál, más descontento.

Responder a la lectura

COLABORA

Responde por escrito la siguiente pregunta. Piensa lo que aprendiste sobre votar. Consulta tus notas y el organizador gráfico.

¿Cómo te ayuda la autora a entender la manera en que los ciudadanos son responsables de la forma en que funciona el gobierno?

____

____

____

____

____

____

____

____

____

____

____

Acuérdate

Usa estos comienzos de oración para hablar sobre la forma en la que los ciudadanos estadounidenses son responsables por la forma en que trabaja nuestro gobierno.

La autora organiza el texto...

Incluye muchos ejemplos de...

Esto me ayuda a entender...

Mis lecturas

Elige un texto. Lee las primeras dos páginas. Si no conoces cinco palabras o más, elige otro texto. En tu cuaderno de escritura, escribe el título, el autor, el género del libro y tu propósito de lectura.

Un legado para la gente

Un legado para la gente

Antología de literatura, páginas 118-121

Un verano de debates

1 Las reuniones comenzaron en mayo de 1787. Los delegados se reunieron en la Alcaldía de Filadelfia. Cerraron las ventanas porque las reuniones eran secretas. Era un día caluroso. Cuando abrieron las ventanas para que corriera aire fresco, entraron los insectos. Los delegados debatieron todo el verano entre el calor y los insectos. No fue fácil ni divertido hacer un nuevo plan para el gobierno.

2 Algunos delegados querían que una sola persona dirigiera el nuevo gobierno. Otros pensaban que debería ser un grupo. Pero todos estaban de acuerdo en que un grupo de personas debía crear las leyes para el país, pero no estaban de acuerdo en cómo elegir a estos dirigentes. ¿Cómo se escogerían a estos dirigentes? El inventor y político Benjamín Franklin asistió a estas reuniones. Él temía que no se llegara a tomar las decisiones necesarias.

Vuelve a leer y haz anotaciones en el texto siguiendo las instrucciones.

Vuelve a leer el párrafo 1. **Subraya** las palabras que te ayudan a visualizar las reuniones en la Alcaldía de Filadelfia.

COLABORA

Conversa con un compañero sobre lo que estaban de acuerdo y en desacuerdo los delegados en el párrafo 2. **Encierra en un círculo** las cosas en las que no estaban de acuerdo.

¿Por qué "Un verano de debates" es un buen título para esta sección? Usa tus anotaciones para explicar.

____

____

____

____

Creación del proyecto

1 Los delegados escribieron un plan y lo llamaron Constitución de Estados Unidos. La Constitución tiene pocas páginas, pero grandes ideas. Muestra cómo funciona nuestro gobierno. Dice que las personas son las que están a cargo del gobierno. Las personas votan para elegir a sus líderes. Ellos dirigen el país en nombre del pueblo.

Un gobierno justo para todos

2 Los delegados se reunieron durante cuatro meses. Pensaban que la Constitución era un buen plan. Sin embargo, el 15 de septiembre de 1787, no todos la firmaron. Algunos querían incluir los derechos de las personas. Un derecho es algo que tienes permitido tener o hacer. En 1791, el Congreso cambió la Constitución para proteger los derechos de los ciudadanos. Uno de estos derechos les permite a las personas hablar libremente. A estos cambios se los llamó Carta de Derechos.

Subraya las oraciones en el párrafo 1 que te ayuden a comprender más sobre la Constitución.

COLABORA

Vuelve a leer el párrafo 2. Comenta con un compañero sobre cómo usa el autor causa y efecto para explicar la manera en la que se creó la Carta de Derechos. Recuerda escuchar y responder a la información presentada por tu compañero.

Encierra en un círculo por qué algunos delegados decidieron no firmar la Constitución.

¿Cuál fue el efecto? **Enciérralo en un recuadro** y escríbelo aquí.

____

____

____

____

____

____

Releer

LECTURA COMPLEMENTARIA

¿Cómo el autor usa los títulos para ayudarte a entender cómo los dirigentes escribieron la Constitución?

COLABORA

Coméntalo Vuelve a leer los títulos en las páginas 119 y 120. Conversa con un compañero sobre por qué el autor usa estos títulos para organizar el texto.

Cita evidencias ¿Cómo ayudan los títulos a organizar y explicar el tema? Escribe la evidencia del texto en la red.

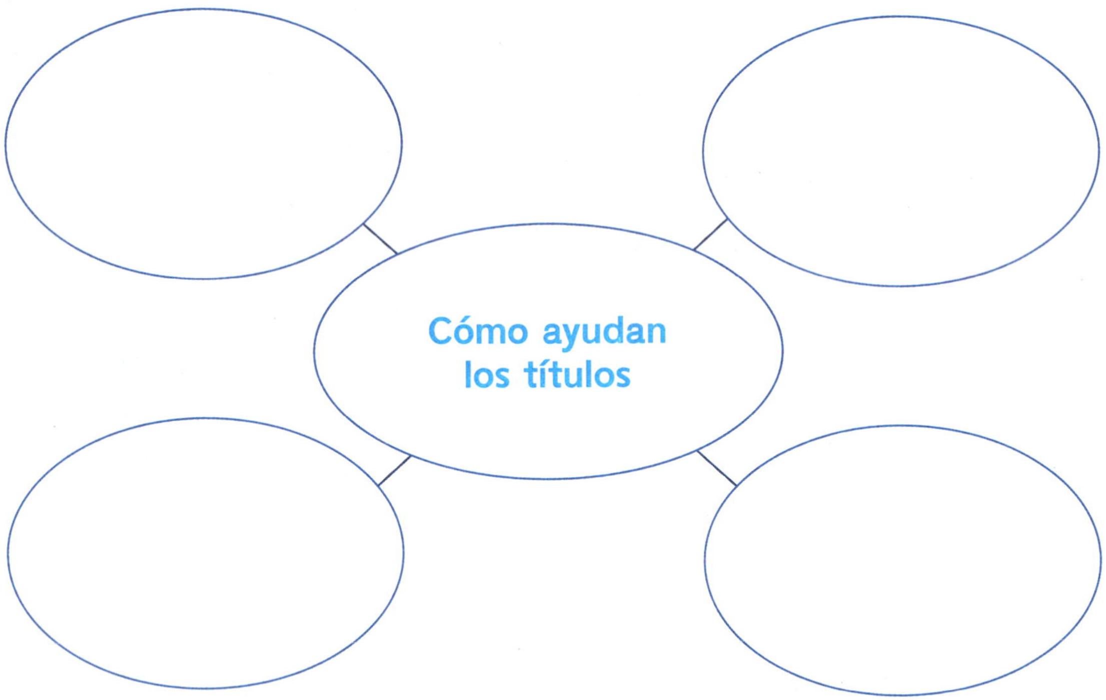

Escribe El autor usa los títulos para ayudarme a comprender

____

____

Acuérdate

Cuando vuelvo a leer, uso los títulos como ayuda para comprender las ideas principales de cada sección.

Propósito del autor

Los escritores tienen un propósito, o una razón para escribir. Pueden escribir para informar, entretener o persuadir. Elegir la estructura del texto, o organización, adecuada ayuda a alcanzar este propósito.

BUSCAR EVIDENCIAS

En el último párrafo de la página 122 el autor usa la estructura del texto de comparar y contrastar para ayudar a los lectores a comprender las diferentes posiciones de un debate importante.

> Algunos delegados querían que una sola persona dirigiera el nuevo gobierno. Otros pensaban que debería ser un grupo. Pero todos estaban de acuerdo en que un grupo de personas debía crear las leyes para el país. ¿Cómo se escogería a estos dirigentes?

COLABORA

Tu turno Vuelve a leer el párrafo 2 de la página 123.

- ¿Qué tipo de estructura usa el autor para ayudarte a entender por qué tenemos una carta de derechos? ______________________

____

____

____

De lectores a escritores

Cuando escribes, usa la estructura de oración que se relaciona con lo que quieres decir:

- *descripción* cuando quieres describir algo.
- *causa y efecto* cuando quieres explicar por qué sucedió algo.
- *comparar y contrastar* cuando quieres comparar dos cosas.

Integrar | HACER CONEXIONES

Conexiones del texto

¿Cómo te ayuda la información que leíste en *¡A votar!* y "Un legado para la gente" a comprender lo que ocurre en el grabado?

COLABORA

Coméntalo Con un compañero, comenta lo que ves en el grabado. Lee la leyenda y comenta qué pasó para que el evento en el grabado fuera posible.

Cita evidencias Vuelve a leer la leyenda. **Subraya** la evidencia que indica cómo las personas hacen que funcione el gobierno. **Encierra en un círculo** una pista del grabado que muestre a George Washington juramentándose como presidente.

Escribe La información en *¡A votar!* y "Un legado para la gente" me ayuda a comprender más sobre lo que ocurre en el grabado al ______________________

____

____

____

____

____

Acuérdate

Veo a George Washington en el medio del grabado. Esto me ayuda a comparar el texto con el arte.

Los estadounidenses votaron por Washington el 30 de abril de 1789. Ese mismo día prestó juramento como Presidente.

ESTUDIOS SOCIALES

Presentar el trabajo

COLABORA

Decide cómo le presentarás la carta de agradecimiento a la clase. Usa la lista de comprobar la presentación mientras practicas. Conversa sobre los comienzos de oración y escribe las respuestas.

Algo interesante que aprendí sobre mi ciudad es ______________________

____

Creo que mi presentación fue ______________________

Lo sé porque ______________________

____

____

____

Acuérdate

Lee tu carta de agradecimiento como si la persona a quien está dirigida estuviera frente a ti. Prepárate para responder las preguntas sobre las razones por las que estás agradecido.

Comprobar la presentación

- ☐ Practicaré la lectura de la carta.
- ☐ Haré contacto visual con el público.
- ☐ Hablaré con claridad y lentamente.
- ☐ Escucharé con atención las preguntas del público.

ESCRITURA

Texto modelo

Características de un ensayo expositivo

Un **ensayo expositivo** es un tipo de texto expositivo. Brinda datos e información sobre un tópico. Un ensayo expositivo:

- tiene una introducción interesante para el lector.
- presenta hechos, detalles e información en orden lógico.
- provee una conclusión relacionada con el tema.

Analiza el texto modelo Vuelve a leer las páginas 98 y 99 de *¡A votar!* en la **Antología de literatura**. Usa la evidencia de los globos de diálogo y las ilustraciones para responder las preguntas.

¿De qué modo presenta la autora el tema de modo que te intereses en seguir leyendo? ______________________________

____

____

¿De qué modo te ayuda la autora a comprender cómo los candidatos convencen a las personas para que voten por ellos? ____

____

____

Antología de literatura, páginas 96-115.

gramatiNOTAS

Los escritores usan diferentes tipos de sustantivos cuando escriben. Estas palabras incluyen sustantivos simples, como *elección* y *ganador*, y sustantivos propios, como *Constitución* y *Chris Smith*. Los sustantivos propios comienzan con mayúscula.

Planificar: Elige un tema

Lluvia de ideas Con un compañero, haz una lluvia de ideas de las cosas que aprendieron sobre votar y cómo la gente hace que el gobierno funcione. Usa estos comienzos de oración para conversar sobre tus ideas y anotarlas.

Leí que...

Esto me interesa porque...

Instrucción de escritura Elige una de las ideas que anotaste. Escribe un ensayo explicando tu tópico.

Escribiré sobre ______________________________

Propósito y público El propósito de un autor es su razón principal para escribir un texto. El público son las personas que lo leerán.

La razón por la cual escogí este tema es ______________________________

____

Quiero que mi público ______________________________

____

Planifica En tu cuaderno de escritura, haz una red de palabras para planificar tu texto En el centro, escribe el tópico.

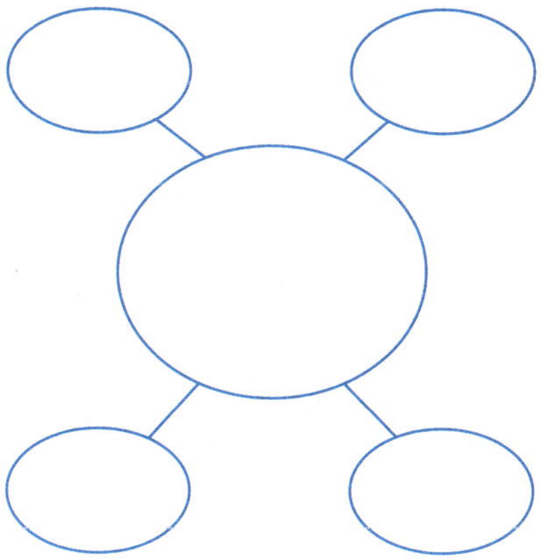

Acuérdate

Cuando un escritor quiere compartir información con sus lectores, escribe un ensayo. Cuando elijas un tema, piensa en algo que te parezca interesante. Eso hará que para ti sea más divertido escribir el ensayo, y que para tus lectores sea más divertido leerlo.

Planificar: Investigación

Paráfrasis Investiga sobre tu tópico usando diferentes fuentes. Mientras tomas notas, recuerda parafrasear, o escribir el significado del texto en tus propias palabras. Anota el autor, el título y los datos sobre la publicación de cada fuente para la bibliografía. Aquí hay un ejemplo de cómo citar una obra.

> Smith, Jane. Cómo funcionan los gobiernos. Houston. Checkers Press. 2017. Impreso.

Observa cómo está escrito el nombre del autor y **enciérralo en un círculo**. El título va en itálicas. **Subraya** el nombre del artículo o del libro.

Ahora cita una fuente que vayas a usar. Sigue el modelo de arriba.

____

____

Toma notas En tu cuaderno de escritura, haz una red de palabras para tomar notas y agregar ideas y detalles relacionados. Crea una página de obras citadas por orden alfabético.

Acuérdate

Cuando parafrasees, recuerda que debes evitar copiar las palabras de tu fuente. Copiar las palabras de otra persona se llama "plagio". Para parafrasear, toma distancia de tus fuentes cuando tomes notas. Escribe los detalles clave con tus propias palabras. Luego compara tus notas contra la fuente original.

Recursos digitales

Para obtener más información sobre cómo citar fuentes, entra en **my.mheducation.com** y mira "Citar fuentes" y lee la página de muestra de Trabajos citados.

Hacer un borrador

Desarrolla el tema Los autores usan detalles relevantes para desarrollar el tema en un ensayo interesante. El autor de "¡Cada voto cuenta!", capta tu atención con una pregunta y luego brinda detalles.

> Lamentablemente, solo votan seis de cada diez estadounidenses. Algunas personas creen que votar es muy difícil. No saben bien dónde deben votar o creen que les llevará demasiado tiempo. El grupo Kids Voting USA se especializa en convencer a todos para que voten.

Usa el párrafo anterior como modelo para el inicio de tu ensayo. Piensa en cómo puedes lograr que tu texto sea interesante. Usa detalles relevantes para apoyar tus ideas.

____

____

____

____

Haz un borrador Usa tu red de palabras como ayuda para escribir un borrador en tu cuaderno de escritura. No olvides incluir un principio interesante para atraer a los lectores.

Enlace gramatical

Mientras escribas tu ensayo expositivo, asegúrate de utilizar la mayúscula para los sustantivos propios, como nombres de personas, lugares o grupos.

Revisar

Conclusión sólida Un ensayo expositivo necesita una conclusión sólida que enfatice los puntos más importantes. La conclusión debe repetir la idea principal del ensayo de una nueva forma.

COLABORA

Vuelve a leer los últimos párrafos de "¡Cada voto cuenta!". Conversa con un compañero sobre cómo el autor termina el ensayo. Escribe al respecto.

____

____

____

Acuérdate

Recuerda que debes usar datos, detalles y definiciones relacionadas con el tópico para explicar tus ideas. Presenta los hechos y los detalles en orden lógico.

Revisión Es momento de revisar tu texto. Lee tu borrador y busca partes en las que puedas:

- agregar más detalles que apoyen tu tópico.
- hacer que la conclusión sea más interesante.

Encierra en un círculo dos oraciones de tu borrador que puedas cambiar. Revísalas y escríbelas aquí.

____

____

____

Steve Debenport/Getty Images

Charlas entre compañeros

COLABORA

Revisión del borrador Escucha con atención mientras tu compañero lee su borrador en voz alta. Comenta lo que te gustó del borrador. Usa estos comienzos de oración como guía para la discutir el borrador de tu compañero:

Me gusta esta parte porque me ayudó a entender. . .

Esta parte no está clara para mí, ¿puedes explicar porque...?

Tengo una pregunta sobre. . .

Sugerencias de compañeros Cuando tu compañero haya comentado tu borrador, escribe una de las sugerencias que aplicarás. Consulta la tabla de Pautas de evaluación de la p. 135.

Revisión Al revisar tu borrador, consulta las sugerencias de Comprobar la revisión para determinar qué partes del texto debes mejorar. Consulta las pautas de evaluación en la página 135.

Comprobar la revisión

- ☐ ¿Es mi introducción interesante para los lectores?
- ☐ ¿Incluí hechos y detalles que expliquen el tema?
- ☐ ¿Están en orden lógico los hechos y los detalles?
- ☐ ¿Termina mi ensayo con una conclusión sólida?

Corregir

Al corregir tu texto, tienes que buscar errores de ortografía, de puntuación, de uso de mayúsculas y de otros aspectos gramaticales. Si lees un borrador varias veces, estarás seguro de no pasar por alto ningún error. Fíjate en las sugerencias de comprobar la corrección.

Comprobar la corrección

- ☐ ¿Comienzan todas las oraciones con mayúscula y terminan con un signo de puntuación?
- ☐ ¿Usé correctamente en mi ensayo verbos en el pasado, presente y futuro?
- ☐ ¿Comienzan con mayúscula los sustantivos propios?
- ☐ ¿Están todas las palabras escritas correctamente?

Escribe dos errores que hayas encontrado al revisar tu texto.

1. ______________________________

____

____

2. ______________________________

____

____

tecnoNOTAS

Si escribiste tu borrador en la computadora, usa la función de revisión ortográfica para encontrar errores de ortografía. Esta función te dará sugerencias para escribir las palabras correctamente. La función de revisión ortográfica no siempre identifica todos los errores, así que también debes revisar atentamente tu borrador.

Enlace gramatical

Al revisar tu ensayo para encontrar errores de puntuación, recuerda que debes usar la puntuación final que se ajuste a cada tipo de oración.

Publicar, presentar y evaluar

Publicación Al publicar tu texto, muestra una copia limpia, clara y sin errores. Si no usas una computadora, escribe de forma legible. Deja el espacio de la punta de un lápiz entre letras y el espacio de un borrador de un lápiz entre palabras.

Presentación Cuando estés listo para presentar tu trabajo, ensaya tu presentación. Como guía, lee las pautas de comprobar la presentación.

Evaluación Después de publicar tu texto, lee las pautas de evaluación para calificarlo.

¿Qué aspectos son satisfactorios? ______________________

____

¿Qué partes requieren de más trabajo? ______________________

Comprobar la presentación

- ☐ Mira al público.
- ☐ Habla lentamente y con claridad.
- ☐ Comunica tus ideas principales efectivamente.
- ☐ Sosten cualquier tipo de ayuda visual de manera que todos puedan verla.

4	3	2	1
• Tiene una introducción interesante. • Incluye detalles relevantes en orden lógico. • Incluye una conclusión sólida que resume el tópico.	• Incluye una buena introducción. • Incluye algunos detalles en orden lógico. • Incluye una conclusión con un detalle sobre el tópico.	• La introducción no es clara. • Tiene pocos hechos y detalles, pero no están relacionados. • La conclusión no da información o no resume el tema.	• No tiene introducción. • No se enfoca en un tópico en particular. • No tiene hechos o detalles relevantes.

Coméntalo

Pregunta esencial

¿Por qué la gente emigra a otros lugares?

COLABORA

Esta es la calle Hester. Muchos inmigrantes se mudaron aquí y trabajan en esta calle de Nueva York. Vinieron por muchas razones. Los inmigrantes soñaban con tener nuevos trabajos. Pensaban que aquí hallarían más oportunidades. Creían que su vida sería mejor.

ESTUDIOS SOCIALES

Mira la fotografía. ¿Qué es la inmigración? Escribe en la red de palabras lo que has aprendido.

Inmigración

BLAST BACK! studysync

Lee en **my.mheducation.com** el *blast* "Irnos de nuestro hogar". Piensa en cómo la geografía puede influenciar la inmigración. Respóndelo y envíalo.

Alexander Alland, Jr./Corbis Historical/Getty Images

LECTURA COMPARTIDA

TOMA NOTAS

Hacer preguntas antes de leer, te ayuda a descubrir lo que quieres aprender mientras lees. Piensa en una pregunta de por qué la gente emigra a otros lugares. Escríbela aquí.

____

____

____

Mientras lees, toma nota de:

Palabras interesantes: ________

____

____

Detalles clave: ______________

____

____

____

____

____

Del pueblo a la ciudad

Pregunta esencial

¿Por qué la gente emigra a otros lugares?

Lee y descubre por qué una familia de campesinos indígenas decidió mudarse a la ciudad.

Amaru vivía en un pueblo del Perú. Allí había construido su propia casa de piedra y de techos bajos. Amaru y Kuymi, su esposa, habían pintado flores y aves de colores en las paredes. La casa era luminosa y estaba rodeada de unos **peñascos** que la protegían.

Amaru y Kuymi llevaban una vida plácida. Labraban el campo junto a otros **indígenas** y tenían muchos árboles frutales. En el año 1960 se produjo un terremoto en la zona. Quedaron destruidas muchas casas y carreteras. Amaru y Kuymi tuvieron la **oportunidad** de **emigrar** a Lima, la capital del Perú. Allí iban a trabajar a un gran **almacén**.

En la ciudad, la familia podría seguir progresando. Además, los dos hijos de Amaru y Kuymi tendrían más posibilidades de estudiar y de hacer nuevos amigos.

Matías Lapegüe

FICCIÓN HISTÓRICA

BUSCAR EVIDENCIAS

Leer

Párrafos 1 y 2

Tema

¿Por qué tuvieron que emigrar Amaru y Kuymi? **Encierra en un círculo** la evidencia en el texto.

____

____

Párrafo 3

Hacer predicciones

Subraya las posibilidades nuevas que tendrían los hijos de Amaru y Kuymi en la ciudad. ¿Qué otras predicciones puedes hacer sobre la nueva vida de los niños?

____

____

Releer

Técnica del autor

¿De qué modo el autor te ayuda a conocer la vida de Amaru y Kuymi antes del terremoto?

LECTURA COMPARTIDA

BUSCAR EVIDENCIAS

Leer

Párrafos 1 y 2

Tema

Encierra en un círculo qué cosas se llevaron Amaru y su familia para usar en su nueva vida de inmigrantes.

Hacer predicciones

Subraya la evidencia en el texto que indica qué sucederá con el quipu.

Párrafos 1 y 2

Sucesos

¿Cómo viajó la familia a la gran ciudad?

____

Encierra en un recuadro la evidencia en el texto.

Releer

Técnica del autor

¿Qué detalles usa el autor para ayudar a los lectores a visualizar el quipu?

Amaru y su familia organizaron una fiesta para despedirse de sus vecinos y de su casa. Prometieron regresar de visita cada vez que pudieran. Luego armaron las valijas y prepararon un **bulto** con abrigos, juegos y comida para que los niños se divirtieran durante el viaje. También embalaron un quipu que había pertenecido a sus abuelos. Un quipu es como un **ábaco** hecho de cuerdas con nudos. Los incas lo usaban para contar. Este quipu tenía cuerdas de varios colores hechas con hilo de alpaca. Amaru decidió llevarlo como signo de unión familiar.

Tras un largo viaje en autobús, la familia llegó a la gran ciudad.

"La ciudad es más grande de lo que me imaginaba. Al lado de los edificios, parecemos pequeños como hormigas", pensó Amaru. Los niños estaban sorprendidos con las edificaciones y disfrutaban del bullicio de la capital.

En las ciudades del Perú se habla español. El idioma de Amaru y su familia era el quechua. Aunque hubo algunos equívocos divertidos, pudieron comunicarse con los habitantes de Lima.

El primer día en la capital fue muy emocionante. Al atardecer, Amaru se sintió un poco cansado. Sin embargo, tenía mucho optimismo con respecto a su nueva vida.

FICCIÓN HISTÓRICA

BUSCAR EVIDENCIAS

Leer

Párrafo 1

Símiles

¿Qué símil acerca de los edificios hay en el párrafo 1? **Subraya** la evidencia en el texto.

Párrafos 2-3

Hacer predicciones

Encierra en un recuadro cómo se sintió Amaru el primer día en la ciudad. Haz una predicción acerca de qué hará al día siguiente.

____

____

____

Releer

Técnica del autor

¿Qué pistas de la ilustración muestran que Amaru está en la ciudad?

LECTURA COMPARTIDA

BUSCAR EVIDENCIAS

Leer

Párrafo 1

Confirmar predicciones

Verifica tu predicción de la página 139 acerca de los niños. **Subraya** la evidencia.

Párrafo 2

Sucesos

Por las tardes, ¿qué le piden los niños a su madre?

Tema

¿Por qué es importante para la familia hablar en quechua?

Encierra en un círculo la evidencia en el texto.

Se instalaron en un vecindario de las afueras de Lima. Su nueva casa tenía una **azotea**. Desde allí se veía el centro de la ciudad. Aunque extrañaban la vida en el pueblo, su nuevo hogar era cómodo. Con un poco de esfuerzo y mucho tesón aprendieron a hablar bien el español. Los niños hacían nuevos amigos todos los días. Asistían a una pequeña escuela mientras sus padres trabajaban.

Por las tardes, los niños le pedían a Kuymi que les leyera cuentos en español y en quechua. De ese modo, todos practicaban el idioma de la ciudad. También mantenían la lengua de sus ancestros, que aprendieron cuando vivían en las montañas.

A la noche les gustaba usar el quipu para resolver ejercicios de matemáticas. Ese instrumento había pertenecido a la familia por generaciones. Ahora ayudaba a los niños a progresar en la escuela. También era muy útil para el trabajo de Amaru y Kuymi en el almacén.

Después de cenar, lavaban la vajilla, ordenaban la sala y se iban a dormir. Amaru y su familia se adaptaban a su nueva vida con optimismo y esfuerzo. Aprovechaban las oportunidades que se les presentaban sin olvidar sus costumbres y raíces.

Matías Lapegüe

Resumir

Usa tus notas para pensar en qué sucedió en "Del pueblo a la ciudad". Resume los sucesos importantes.

FICCIÓN HISTÓRICA

BUSCAR EVIDENCIAS

Leer

Párrafo 1

Tema

¿Por qué es tan importante el quipu para Amaru y su familia? **Subraya** en el texto tu respuesta.

Párrafo 2

Sucesos

Encierra en un círculo lo que hacía la familia por las noches.

____

____

Releer

Técnica del autor

¿Cómo te ayuda el autor a entender cómo se siente Amaru y su familia en su nuevo hogar?

Fluidez

Túrnate con un compañero para leer el primer párrafo. Conversen sobre cómo el autor los ayuda a leer con expresión.

Vocabulario

A partir de las oraciones que se dan como ejemplo, comenta cada palabra con un compañero. Luego, responde las preguntas.

ábaco

Mi abuelo aprendió a sumar y restar con un **ábaco**.

¿Qué instrumento se parece a un ábaco?

____

____

almacén

En los **almacenes** hay muchos productos.

¿Qué puedes comprar en un almacén?

____

____

azotea

La **azotea** de mi edificio tiene un jardín.

¿Qué sinónimo de azotea conoces?

____

____

bulto

Ana armó un **bulto** con toda su ropa.

¿Cómo puedes asegurar un bulto para que no se desarme?

____

____

emigrar

Las personas **emigran** cuando no consiguen empleo en su país.

¿Por qué otro motivo la gente puede emigrar?

____

____

Tu lista de palabras Elige una de las palabras interesantes de tu lista de la página 138. Busca su significado en un diccionario impreso o en línea. Luego usa esa palabra en una oración.

indígena

En Bolivia y Perú hay grandes grupos **indígenas**.

¿Qué otra palabra significa lo mismo que indígena?

oportunidad

Nuestra clase tuvo la **oportunidad** de visitar un museo.

¿Qué otras oportunidades de visitas ha tenido tu clase?

peñasco

En medio del río había dos grandes **peñascos**.

¿Cómo puedes describir un peñasco?

Símiles

Un símil es la comparación entre dos cosas muy diferentes, usando las palabras *como*, *parece* o *igual a* para comparar. Por ejemplo: *Sus mejillas eran como dos rosas rojas.*

BUSCAR EVIDENCIAS

En la página 141, el autor dice: "Al lado de los edificios, parecemos pequeños como hormigas". Este es un símil porque compara el tamaño de las personas con las hormigas, usando la palabra como. *Significa que las personas se ven muy pequeñas junto a los edificios.*

Tu turno Escribe otro símil que sirva para comparar a las personas con los edificios.

Tristan Elwell

Hacer predicciones

Busca claves en el cuento para ver qué pasa después. ¿Fue correcta tu predicción? Vuelve a leer para revisar y confirmar tu predicción. Cambiala si no es correcta.

BUSCAR EVIDENCIAS

En la página 140, Amaru decide llevar un quipu a su nuevo hogar. Quizás le sirva a su familia en su nueva vida. Busca detalles que confirmen tu predicción en la página 143.

> **Acuérdate**
>
> El ambiente de una historia puede ofrecer claves sobre lo que pasará después. Por ejemplo, puedes usar el cambio del ambiente del pueblo a la ciudad para predecir lo que harán los personajes de "Del pueblo a la ciudad".

Página 140

Amaru y su familia organizaron una fiesta para despedirse de sus vecinos y de su casa. Prometieron regresar de visita cada vez que pudieran. Luego armaron las valijas y prepararon un **bulto** con abrigos, juegos y comida para que los niños se divirtieran durante el viaje. También embalaron un quipu que había pertenecido a sus abuelos. Un quipu es como un **ábaco** hecho de cuerdas con nudos. Los incas lo usaban para contar. Este quipu tenía cuerdas de varios colores hechas con hilo de alpaca. Amaru decidió llevarlo como signo de unión familiar.

Hice la predicción de que usarían el quipu para contar. Esta es la pista. Leí la página 143 para verificarla y vi que el quipu "ayudaba a los niños a progresar en la escuela".

COLABORA

Tu turno Predice lo que pasará cuando la familia se asiente en la ciudad. Busca claves para apoyar tu predicción. Escribe tu predicción aquí.

____

____

Sucesos e ilustraciones

"Del pueblo a la ciudad" es una **ficción histórica** porque:

- es una historia inventada que se desarrolla en el pasado.
- tiene ilustraciones que muestran detalles históricos.

De lectores a escritores

Piensa en los detalles que usa el autor en "Del pueblo a la ciudad" para ayudarte a saber qué piensan y sienten los personajes. Cuando escribas, busca detalles específicos para mostrar a los lectores qué piensan y sienten tus personajes.

BUSCAR EVIDENCIAS

Sé que "Del pueblo a la ciudad" es una ficción histórica porque los personajes y la historia son inventados, pero se basa en eventos reales que sucedieron hace mucho tiempo.

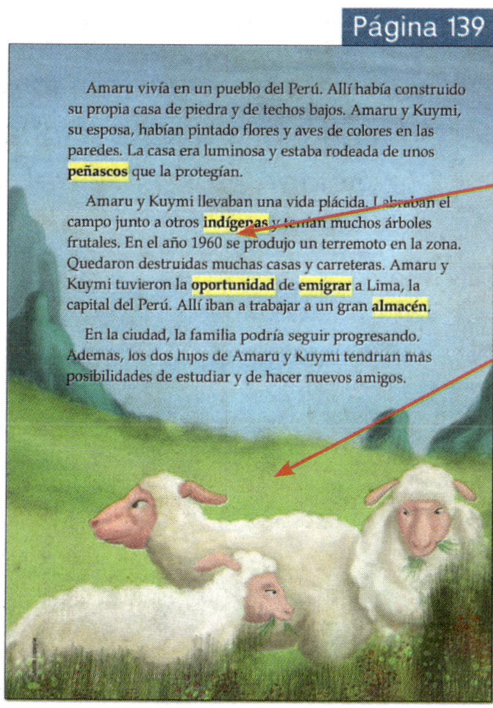
Página 139

Amaru vivía en un pueblo del Perú. Allí había construido su propia casa de piedra y de techos bajos. Amaru y Kuymi, su esposa, habían pintado flores y aves de colores en las paredes. La casa era luminosa y estaba rodeada de unos **peñascos** que la protegían.

Amaru y Kuymi llevaban una vida plácida. Labraban el campo junto a otros **indígenas** y tenían muchos árboles frutales. En el año 1960 se produjo un terremoto en la zona. Quedaron destruidas muchas casas y carreteras. Amaru y Kuymi tuvieron la **oportunidad** de **emigrar** a Lima, la capital del Perú. Allí iban a trabajar a un gran **almacén**.

En la ciudad, la familia podría seguir progresando. Además, los dos hijos de Amaru y Kuymi tendrían más posibilidades de estudiar y de hacer nuevos amigos.

Sucesos

La historia es inventada, pero el ambiente y los sucesos existen en la vida real. Los sucesos en una ficción histórica ocurrieron hace mucho tiempo.

Ilustración

Las ilustraciones muestran detalles de cómo vivían los personajes.

COLABORA

Tu turno Busca dos ejemplos en "Del pueblo a la ciudad" que pudieran pasar en la vida real. Comenta por qué la historia es una ficción histórica. Escribe tu respuesta abajo.

____

____

Releer

LECTURA COMPARTIDA

Tema

El tema de un cuento es el mensaje del autor. Para descubrir el tema, fíjate en lo que hacen y dicen los personajes. Luego, piensa en qué ideas más profundas sugieren estos detalles clave.

Acuérdate

Un tema es diferente de un tópico. Un tópico indica de lo que trata el cuento. Por ejemplo el tópico de "Del pueblo a la ciudad" es la emigración en Perú después del terremoto de 1960.

BUSCAR EVIDENCIAS

Amaru y su familia deben dejar su pueblo porque se produjo un terremoto en su pueblo. Ese es un detalle importante. Encontraré más detalles clave que me permitan descubrir el tema.

Detalle
Amaru y su familia dejan su pueblo después de un terremoto.

Detalle
Amaru ve su nueva vida con optimismo.

Tema

Los detalles muestran lo que hacen y dicen los personajes. Estos te ayudan a descubrir el tema.

COLABORA

Tu turno Vuelve a leer "Del pueblo a la ciudad". Busca más detalles importantes y escríbelos en el organizador gráfico. Usa los detalles de arriba y los que encontraste para descubrir el tema.

Detalle

↓

Detalle

↓

Detalle

↓

Tema

Responder a la lectura

COLABORA

Responde por escrito la siguiente pregunta. Piensa en el tema del cuento. Consulta tus notas y el organizador gráfico.

¿Cómo te ayuda el autor a comprender cómo fue para Amaru y su familia emigrar a Lima?

Acuérdate

Usa estos comienzos de oración para hablar acerca de la pregunta.

Leí que Amaru...

Esto me ayudó a comprender que...

El autor muestra que la ciudad...

Enlace gramatical

Mientras escribes la respuesta, asegúrate de usar correctamente las mayúsculas para nombres de personas y ciudades. Recuerda que debes utilizar un signo de puntuación al final de cada oración.

Integrar **BÚSQUEDA E INVESTIGACIÓN**

ESTUDIOS SOCIALES

Fuentes primarias y secundarias

Una **fuente primaria** nos ayuda a conocer el pasado. Puede ser un documento original o algo escrito por una persona que haya participado en un suceso. Las fotografías del pasado, las cartas y las entradas de diario son ejemplos de fuentes primarias.

Una **fuente secundaria** proviene de una persona que no participó en un suceso. Las enciclopedias y los libros de texto son ejemplos de fuentes secundarias.

Mira la ilustración. ¿Muestra fuentes primarias o secundarias? Explica por qué.

____

____

Acuérdate

La información relevante incluye los hechos y detalles relacionados con el tópico. Usa fuentes diversas, como enciclopedias, fotografías y sitios en internet mientras identificas y reúnes información relevante.

COLABORA

Escribe una entrada de diario Supón que inmigraste con tu familia a Estados Unidos en el siglo XIX. Escribe una entrada de diario sobre el viaje.

1. Identifica y reúne información relevante. Usa al menos una fuente primaria.
2. Escribe tu entrada de diario.
3. Comparte tu entrada con un compañero.

Releer **TEXTO PRINCIPAL**

La tienda de mamá y papá

¿De qué modo la selección de palabras de la autora te ayuda a comprender sus sentimientos?

Antologíade literatura, páginas 122–139

COLABORA

Coméntalo Vuelve a leer la página 125. Con un compañero comenta qué sentimientos expresa la autora con la selección de palabras del cuento.

Cita evidencias ¿Qué pistas en la selección de palabras y los diálogos expresa los sentimientos de la autora respecto a la historia que narra?

Selección de palabras y diálogos	¿Por qué es efectiva?

Escribe Las palabras que usa la autora ______________________

____

____

Hacer inferencias

Una inferencia es una suposición basada en una evidencia de algo que ya sabes. ¿Qué inferencia puedes hacer sobre los sentimientos de la autora con base en la selección de palabras que utiliza?

¿Cómo muestra la autora las diferencias entre la familia de la narradora y la familia de Santiago, María y Elsita?

COLABORA

Coméntalo Vuelve a leer las páginas 125 a 128. Conversa con un compañero sobre las características de cada familia.

Cita evidencias ¿Qué claves te ayudan a identificar las diferencias entre las dos familias?

Familia de la narradora	Familia de Elsita	¿En qué se diferencian?

Escribe Las dos familias son diferentes porque ______________________

____

____

Acuérdate

Puedo usar estos comienzos de oración cuando hablamos de la familia de Elsita.

La autora muestra a la familia de Elsita para...

Esto me ayuda a comprender...

Evalúa la información

Piensa la historia de la familia de la narradora. Conversa sobre lo que debieron hacer para adaptarse a su nuevo hogar.

Releer | # TEXTO PRINCIPAL

¿De qué manera las ilustraciones te ayudan a comprender cómo siente la familia de la narradora en Guatemala?

COLABORA

Coméntalo Mira las ilustraciones de páginas 132 y 136. Conversa con un compañero sobre lo que muestran.

Cita evidencias ¿Cuáles son las claves en las ilustraciones que muestran cómo se siente la familia china en su nuevo país? Escribe claves en la tabla.

Acuérdate

Puedo usar las ilustraciones para buscar más claves sobre cómo se sienten los personajes.

¿Cómo se siente la familia de la autora?	
Claves en la página 132	¿Qué significan?
Claves en la página 136	¿Qué significan?

Escribe Las ilustraciones me ayudan a comprender que ______________

____

____

Responder a la lectura

COLABORA

Responde por escrito la siguiente pregunta. Piensa en las historias que la autora usa para mostrar cómo se sienten los personajes en su nuevo hogar. Consulta tus notas y el organizador gráfico.

¿Cómo usa Amelia Lau Carling las historias de los padres y de los hijos para ayudarte a comprender cómo se sienten en Guatemala?

Acuérdate

Usa estos comienzos de oración al hablar sobre cómo se sienten los padres y los niños.

Los padres se sienten...

En cambio, los niños...

Esto me ayuda a ver que ellos...

Mis lecturas

Elige un texto y anota en tu cuaderno de escritura el título, el autor y el género del libro. Mientras lees, haz conexiones con las ideas que hayas leído en otros textos o con tu experiencia personal. Escribe tus ideas en el cuaderno.

Releer **LECTURA COMPLEMENTARIA**

"¡Tierra a la vista!"

Antología de literatura, páginas 142-145

La isla de Ellis

1 Los inmigrantes cruzaban el océano en barcos abarrotados de gente. Cuando los barcos llegaban al puerto de Nueva York, se trasladaban a la isla de Ellis en botes más pequeños. Allí, los pasajeros esperaban convertirse en ciudadanos estadounidenses. Miles de personas llegaban todos los días.

2 Primero, todos debían pasar por una revisión médica. El gobierno no quería que personas con enfermedades entraran al país. Como resultado, algunos de los que estaban enfermos debían quedarse en el hospital de la isla de Ellis hasta que se curaran. ¡Una persona con una infección ocular tuvo que volverse a Europa!

3 Además, tenían que dar un examen escrito. Debían responder preguntas, dar sus nombres y decir de qué país venían. Tenían que decir a dónde planeaban ir, y prometer que cumplirían con las leyes de Estados Unidos.

4 Luego de horas de espera, la mayoría recibía las buenas noticias. Estados Unidos les daba la bienvenida a su nuevo hogar.

Vuelve a leer y haz anotaciones en el texto siguiendo las instrucciones.

En el párrafo 1, **encierra en un círculo** la cantidad de personas que llegaban por día a la isla de Ellis.

Vuelve a leer desde los párrafos 2 a 4. **Escribe números** al lado de las oraciones que describen lo que debían hacer los inmigrantes en la isla de Ellis.

COLABORA

Vuelve a leer el párrafo 4. Conversa con un compañero sobre cómo se sentían los inmigrantes al recibir el permiso para vivir en Estados Unidos. ¿Cuántos pudieron establecerse? **Subraya** el texto que responde esta pregunta. Escríbelo aquí.

____

____

____

Bienvenidos a Estados Unidos

1 En la isla de Ellis, algunos inmigrantes subían a botes que los llevaban a Nueva York. Muchos se quedaban allí. Se establecían cerca de sus amigos y su familia en barrios como la Pequeña Italia o el lado este del bajo Manhattan (Lower East Side). Otros tenían que viajar un poco más lejos para asentarse. Se dirigían al oeste o al sur, a otras ciudades y estados. Algunos se iban a lugares donde conseguían trabajo en fábricas o minas. Otros encontraban trabajo en el campo. Sin importar dónde se asentaran, los inmigrantes jamás se olvidarían de la isla de Ellis.

ESTUDIOS SOCIALES

Vuelve a leer el fragmento del párrafo 1. **Subraya** la oración que te ayuda a comprender que la mayoría de los inmigrantes se estableció en Nueva York.

____

____

Encierra en un círculo los lugares donde se asentaron.

COLABORA

Conversa con un compañero sobre por qué la isla de Ellis es un lugar memorable para los inmigrantes.

Encierra en un recuadro la evidencia del texto que respalda tu conversación.

Bettman/Getty Images

Releer

LECTURA COMPLEMENTARIA

¿De qué modo te ayudan los títulos a entender cómo fue emigrar a Estados Unidos?

COLABORA

Coméntalo Vuelve a leer los fragmentos de las páginas 156 y 157. Explica por qué "La isla de Ellis" es un buen título.

Cita evidencias ¿Qué claves en los títulos y la fotografía te ayudan a comprender mejor el texto? Escríbelos en la tabla.

Clave	Clave	Clave

De qué modo ayuda

Escribe El autor usa los títulos para ______________________________

____

____

Acuérdate

En un texto informativo, los autores usan títulos y fotografías para apoyar la comprensión de lectores. Los títulos ayudan a identificar la idea principal de cada sección. Las fotografías ilustran los detalles clave del texto. Mira la fotografía de la página 157. Piensa en cómo se conecta con el texto.

Causa y efecto

La causa es por qué algo sucede. El efecto es aquello que sucede. La causa y el efecto ocurren en secuencia. Las palabras clave como *porque* o *como resultado* muestran la relación entre la causa y el efecto.

BUSCAR EVIDENCIAS

En la página 143 de "¡Tierra a la vista!" de la **Antología de literatura** *he leído que mucha gente llegó a Estados Unidos. Este es el efecto. Puedo usar la palabra clave "porque" para buscar la causa. Los inmigrantes querían tener derecho a vivir y decir lo que quisieran.*

> Vinieron a estados Unidos porque querían tener derecho a vivir como quisieran y decir lo que quisieran.

COLABORA

Tu turno Vuelve a leer el segundo párrafo de la página 156.

- ¿De qué modo el autor te ayuda a descubrir cuál es el efecto? ____________________

  ____

  ____

- ¿Cómo sabes cuál es la causa? ____________________

  ____

  ____

De lectores a escritores

Los escritores usan patrones de organización como causa y efecto en los textos informativos. Las palabras clave como *porque* y *como resultado* ayudan a los lectores a comprender por qué ocurren los sucesos. Cuando escribas, usa palabras clave para ayudar a los lectores a encontrar las causas y los efectos. Esto los ayudará a comprender mejor el tópico o idea principal.

Integrar **HACER CONEXIONES**

Conexiones del texto

¿Cómo *La tienda de mamá y papá,* "¡Tierra a la vista!" y la fotografía de abajo te ayudan a comprender por qué la gente emigra a otros lugares?

COLABORA

Coméntalo Mira la fotografía y lee la leyenda. Conversa con un compañero sobre lo que notan. Elige una persona de la foto y describe lo que está haciendo.

Cita evidencias **Encierra en un círculo** tres ejemplos en la fotografía que te ayuden a comprender qué están haciendo los niños. **Subraya** las palabras y frases de la leyenda que brindan información sobre por qué estas personas emigraron a Estados Unidos.

Escribe La fotografía, *La tienda de mamá y papá* y "¡Tierra a la vista!" me ayudan a comprender que la gente emigra a otros

lugares para ______________________________

____

____

____

____

____

Acuérdate

El fotógrafo me ayuda a comprender cuán duro deben trabajar los inmigrantes Esto me ayuda a comparar los textos con la fotografía.

Esta fotografía fue tomada en 1909 por el fotógrafo Lewis Wickes Hine. El título "Inmigrantes en una escuela nocturna" y muestra un salón de clase en Boston, Massachusetts.

Integrar | BÚSQUEDA E INVESTIGACIÓN

ESTUDIOS SOCIALES

Presentar el trabajo

COLABORA

Decide cómo le presentarás tu entrada de diario a la clase. Pasa tu trabajo en limpio. Usa la lista de comprobar la presentación mientras practicas.

Antes de la presentación, trataré de expresar lo que sienten las personas cuando emigran a otros lugares al:

____

Creo que mi presentación fue _______________________

Lo sé porque ______________________________

____

____

tecnoNOTAS

Grábate mientras lees la entrada de diario y luego escucha la grabación. ¿Alzaste la voz para que el público pudiera escucharte? ¿Hablaste clara y lentamente? Lee varias veces tu entrada de diario para practicar.

Comprobar la presentación

- ☐ Practicaré mi presentación.
- ☐ Hablaré clara y lentamente.
- ☐ Alzaré la voz para que todos puedan escucharme.
- ☐ Usaré un tono expresivo para expresar lo que sentiría si yo fuera inmigrante a Estados Unidos.

Coméntalo

Pregunta esencial

¿Cómo se nos ocurren las ideas?

COLABORA

Cuando mi familia y yo paseamos en bicicleta, es mi tarea ver a dónde ir. Uso un mapa y hago preguntas para hallar los mejores lugares para pasear. Luego, mi familia y yo comentamos las opciones y decidimos en conjunto.

Mira la fotografía. Comenta cómo decides qué hacer. Escribe cómo lo resuelves en el organizador gráfico.

Resuélvelo
↓
↓
↓

Ve a **my.mheducation.com** y lee el *blast* "Aprender a ver". Piensa por qué la observación juega un rol importante en la ciencia. Luego, respóndelo y envíalo.

LECTURA COMPARTIDA

TOMA NOTAS

Comprender el propósito de la lectura te ayuda a enfocar la manera en la que lees. Echa un vistazo a los poemas y establece un propósito para la lectura. Escríbelo abajo.

____

____

____

Mientras lees, toma nota de:
Palabras interesantes: ________

____

____

____

Detalles clave: ________

____

____

____

____

El coloquio de los ratones

Se juntaron los ratones
para comentar un tema
y resolver un problema
de muy graves proporciones.
Propusieron soluciones
en medio de un alboroto
más grande que un maremoto:
¿quién le pone el **cascabel**
a ese gato grande y cruel?
¡Lo sometieron a voto!

Alexis Romay

Pregunta esencial

¿Cómo se nos ocurren las ideas?
Lee poesía para alimentar tu imaginación y tener nuevas ideas.

Mi abuela

Mi abuela era un árbol
cuya memoria se agitaba con el viento.
En las tardes me encantaba
columpiarme en sus brazos
y ver las cosas
desde la increíble altura de su infancia;
aunque a veces los recuerdos
le quebraban las ramas y, llorando
me dejaba en el suelo.

Alberto Forcada

BUSCAR EVIDENCIAS

Leer

Página 164

Aliteración

Encierra en un círculo las palabras que comienzan con el mismo sonido en el verso 9.

Página 164

Rima

Encierra en un recuadro las palabras que terminan con el mismo sonido en los versos 6 y 7.

Página 165

Punto de vista

¿Quién es el narrador de este poema?________________

Releer

Técnica del autor

¿De qué manera te ayuda el autor a comprender que la abuela es como un árbol?

LECTURA COMPARTIDA

BUSCAR EVIDENCIAS

Leer

Página 166, Estrofa 1

Símil

El símil usa la palabra *como* para comparar dos cosas diferentes. **Subraya** el símil y di qué compara.

Punto de vista

¿Qué piensa el autor de la gota de agua? **Encierra en un círculo** la evidencia.

Página 166, Estrofa 3

Rima

Encierra en un círculo dos palabras que rimen.

Releer

Técnica del autor

En "La gota viva", ¿cómo te ayuda el autor a visualizar la gota de agua?

La gota viva

Como una niña curiosa y muy valiente,
la gota de agua pasea por el mundo.
Se detiene y observa cada ambiente,
quiere jugar en el océano profundo.

También el cielo, como un imán brillante,
la invita a acercarse a las estrellas.
La gota viaja vestida de diamante
y mientras trepa en el aire deja huellas.

Me gustaría ser como una gota viva,
que serpentea, se hunde, gana altura,
nos calma la sed, siembra y cultiva.
Me gustaría ser como una gota pura.

Cuando crezca, con los ojos dichosos,
podré abrirme paso, celebrar cada día.
Realizaré mis sueños más hermosos
porque la gota es un ejemplo que me guía.

Sebastián Olaso

De hormigas

La hormiga con sombrero
puso un huevo

puso 1
puso 2
puso 3
puso todo un hormiguero.

La hormiga con sombrilla
buscó comida
agarró una hoja
subió
bajó
y así todito el día.

La hormiga con barriga
llamó a una amiga,
se pintó,
se perfumó
y se fueron de paseo
por toda la avenida.

Yolanda Blanco

Mario Lavezzi

Hacer conexiones

¿Qué tienen en común los cuatro poemas? Usa tus notas para comentar en qué se parecen.

BUSCAR EVIDENCIAS

Leer

Estrofa 1

Punto de vista

¿Qué piensa la narradora sobre la hormiga con sombrero?

____

____

Subraya evidencia en el texto.

Estrofa 3

Rima

Encierra en un círculo dos palabras que rimen. Halla otras dos y escríbelas abajo.

______________ ______________

____

____

Releer

Técnica del autor

¿Por qué "De hormigas" es un buen título para este poema?

Vocabulario

Con las oraciones que se dan como ejemplo, comenta con un compañero lo que significa cada palabra. Luego, responde las preguntas.

cascabel

Mi tía es tan alegre como un **cascabel**.

¿Qué significa "poner el cascabel al gato"?

____

____

imaginar

Cuando leo **imagino** los lugares del cuento.

¿A ti que te gusta imaginar?

____

____

marchante

Los **marchantes** anuncian la oferta de su fruta en el mercado.

¿Qué otros marchantes conoces?

____

____

vitrina

Me gusta mirar las **vitrinas** de las tiendas con decoraciones de navidad.

¿Te gusta mirar las vitrinas de las tiendas?

____

____

Términos de poesía

aliteración

"Los pintores pintan pinturas precisas" es un ejemplo de **aliteración**.

Escribe otro ejemplo de una aliteración.

____

____

verso libre

A Jeremías le gusta escribir poemas de **versos libres** porque no es necesario que rimen.

¿Sobre qué escribirías un poema de verso libre?

____

____

décima

Las **décimas** tienen 10 versos y tienen rima.

¿En qué se diferencia una décima de un poema de verso libre?

____

____

____

rima

Las palabras *cuidado* y *mirado* **riman** porque tienen la misma terminación.

Escribe otras palabras que rimen.

____

____

Tu lista de palabras Vuelve a leer el tercer verso de "El coloquio de los ratones" de la página 164. **Subraya** la palabra *problema*. En el cuaderno de escritura haz una red de palabras. Escribe *problema* en el centro. Usa un diccionario para hallar variaciones de esa palabra.

Símil

Un símil compara dos cosas que son muy diferentes. En general, el símil usa la palabra *como*. Un ejemplo de símil es: "La luna es como una perla gigante".

BUSCAR EVIDENCIAS

Para encontrar un símil, necesito hallar una comparación entre dos cosas. En "La gota viva", se compara a la gota con una niña valiente porque viaja por el mundo.

Como una niña curiosa
y muy valiente,
la gota de agua pasea
por el mundo.

Tu turno Vuelve a leer "La gota viva" de la página 166. Encuentra otro símil en el poema y escríbelo. En tu cuaderno de escritura, anota qué dos cosas se comparan y qué significa.

____

____

____

Aliteración y rima

Los poetas usan la aliteración y la rima para resaltar ciertas palabras y para dar un sonido musical a los poemas.

Aliteración es el uso de palabras que comienzan con el mismo sonido.

Rima significa que las palabras terminan en el mismo sonido.

Acuérdate

Las palabras que riman pueden no parecerse al principio. *Brillante* y *diamante* terminan con el mismo sonido, pero comienzan de manera diferente. Leer el poema en voz alta te ayudará a identificar las rimas.

BUSCAR EVIDENCIAS

Lee en voz alta el poema "De hormigas". Escucha los sonidos iniciales que se repiten y las palabras que riman.

Página 167

De hormigas

La hormiga con sombrero
puso un huevo

puso 1
puso 2
puso 3
puso todo un hormiguero.

La hormiga con sombrilla
buscó comida
agarró una hoja
subió
bajó
y así todito el día.

La hormiga con barriga
llamó a una amiga,
se pintó,
se perfumó
y se fueron de paseo
por toda la avenida.

Yolanda Blanco

Resumir

¿Qué poema muestra la mejor manera de resolver un problema?

En la segunda estrofa, se repite la palabra puso *con el mismo sonido inicial.*

En la cuarta estrofa, las palabras barriga *y* amiga *riman. Me gusta el sonido de estas palabras.*

COLABORA

Tu turno Vuelve a leer "De hormigas". Escribe otro ejemplo de aliteración.

____

____

La décima y el verso libre

La **décima** es fácil de reconocer porque tiene diez versos de ocho sílabas cada uno. Los versos tienen rima. Tiene cuatro rimas diferentes.

El **verso libre** no siempre tiene rima. No tiene un número determinado de versos y estrofas.

BUSCAR EVIDENCIAS

Sé que "El coloquio de los ratones" es una décima porque tiene diez versos y cada uno tiene ocho sílabas. Algunos versos tienen rima.

De lectores a escritores

Una décima tiene un patrón de rima. Un verso libre no sigue un patrón.

Cuando escribas un poema, escribe libremente para descubrir lo que quieres decir. Luego, elige el género que mejor se adapte a tu propósito.

Página 164

El coloquio de los ratones

Se juntaron los ratones
para comentar un tema
y resolver un problema
de muy graves proporciones.
Propusieron soluciones
en medio de un alboroto
más grande que un maremoto:
¿quién le pone el cascabel
a ese gato grande y cruel?
¡Lo sometieron a voto!

Alexis Romay

Pregunta esencial

¿Cómo se nos ocurren las ideas? Lee poesía para alimentar tu imaginación y tener nuevas ideas.

En la décima el primer verso rima con el cuarto y el quinto. El segundo rima con el tercero; el sexto, con el séptimo y el último, y el octavo, con el noveno. Admite punto final o dos puntos después del cuarto verso, y no los admite después del quinto. La décima tiene una sola estrofa. La estrofa es un grupo de versos de un poema.

COLABORA

Tu turno Vuelve a leer los poemas "El coloquio de los ratones" y "Mi abuela". Explica si cada poema es una décima o un poema de verso libre.

____

____

____

Punto de vista

Con frecuencia, un poema muestra los pensamientos del narrador sobre los personajes o los sucesos. Este es el punto de vista. Busca los detalles que muestran el punto de vista.

BUSCAR EVIDENCIAS

Volveré a leer "Mi abuela" y buscaré detalles que muestren lo que piensa la narradora sobre su abuela. Este es su punto de vista.

Acuérdate

La narradora de "mi abuela", usa los pronombres *mi, me.* Eso significa que el poema lo dice un narrador en primera persona. ¿Quién narra "La gota viva"?

Detalles
Mi abuela era un árbol.
me encantaba columpiarme en sus brazos.
ver las cosas desde la increíble altura.

↓

Punto de vista

COLABORA

Tu turno Vuelve a leer "Mi abuela". Escribe más detalles y el punto de vista del narrador en el organizador gráfico. Usa lo que has aprendido para comentar el punto de vista en otro poema.

Detalles

Punto de vista

Releer | LECTURA COMPARTIDA

Responder a la lectura

COLABORA

Comenta la siguiente pregunta. Piensa en los puntos de vista de los poemas que leíste. Consulta tus notas y el organizador gráfico.

¿De qué manera los poetas de "El coloquio de los ratones", "La gota viva" y "De hormigas" te ayudan a comprender cómo a los personajes se les ocurren las ideas?

Acuérdate

Usa estos comienzos de oración para hablar acerca de la pregunta.

El poema describe ...

El narrador quiere ...

Los poetas me ayudan a visualizar los sucesos para ...

Enlace gramatical

Mientras escribes la respuesta, utiliza las comillas para los títulos de los poemas. Las comillas también se utilizan para escribir las palabras que copias directamente de un poema.

Integrar | BÚSQUEDA E INVESTIGACIÓN

ESTUDIOS SOCIALES

Obtener información

Una entrevista es una forma formidable de obtener información sobre una persona o un tópico. Es una reunión formal donde haces una serie de preguntas a la otra persona y escribes las respuestas.

Acuérdate

Cuando escribes una entrevista, primero escribe el nombre de la persona que habla seguido de dos puntos. Luego escribe lo que dice la persona. Usa el texto de la ilustración como modelo.

¿Qué otra pregunta puedes hacerle a Mary Anderson?

____

COLABORA

Entrevistar a un inventor Piensa en un inventor del que te gustaría conocer más. Sigue estos pasos para una entrevista.

1. Averigua qué inventó esa persona y por qué.
2. Luego haz una lista de tres preguntas.
3. Investiga para escribir las respuestas a tus preguntas.
4. Practica leer la entrevista con un compañero. Luego, preséntala a la clase.

Releer | TEXTO PRINCIPAL

"El sapo distraído"

¿Cómo usa el autor la aliteración para ayudarte a visualizar lo que sucede en el poema?

Antología de literatura, páginas 146-148

COLABORA

Coméntalo Vuelve a leer las páginas 147 y 148. Comenta con un compañero cómo la selección de palabras los ayuda a visualizar lo que sucede en el poema.

Cita evidencias ¿Cómo te ayudan las aliteraciones a visualizar los sucesos del poema?

Aliteración	Visualizo

Escribe Las aliteraciones me ayudan

____

____

Combinar información

Vuelve a leer "El sapo distraído". Piensa en las descripciones que hace el autor. ¿Cómo te ayudan a comprender su punto de vista?

¿Cómo muestra el autor de "El sapo distraído" que las oraciones exclamativas y los adjetivos son un buen recurso para comprender el poema?

Coméntalo Vuelve a leer las páginas 147-148. Comenta con un compañero cómo las oraciones exclamativas y los adjetivos dan ritmo y ayudan a los lectores a comprender el poema.

Cita evidencias ¿Qué oraciones exclamativas y adjetivos dan ritmo al poema y te ayudan a comprenderlo?

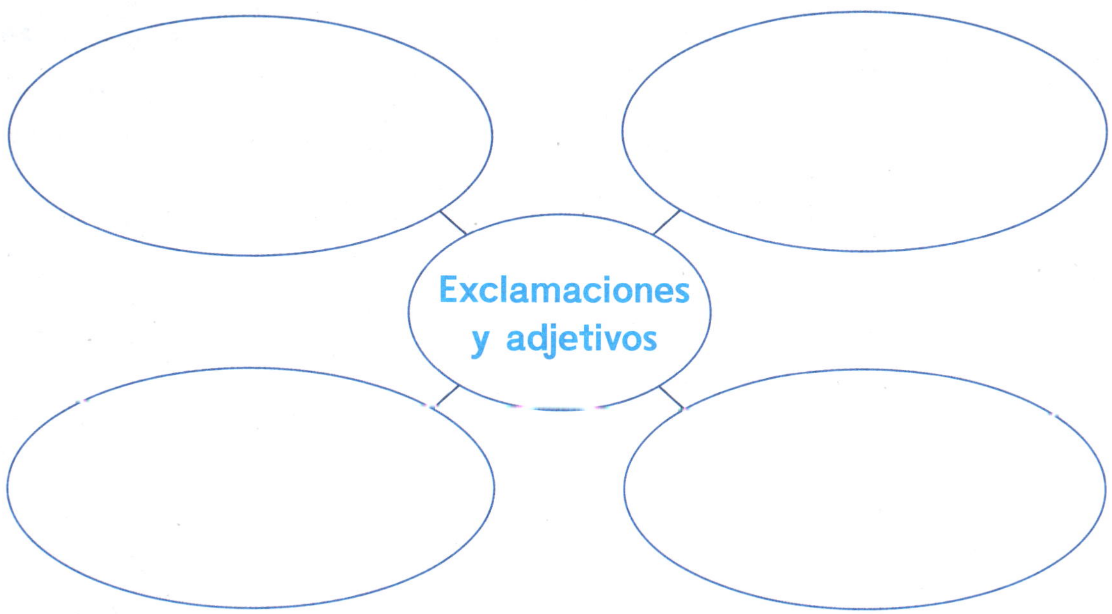

Escribe Entiendo cómo fue el día del sapo distraído porque ______

______

______

Acuérdate

Los adjetivos ayudan a los lectores a visualizar los detalles de un texto. La exclamaciones los ayudan a a dar énfasis a una frase y comprenderla mejor. Estos dos recursos son importantes porque animan a los lectores a prestar más atención y disfrutar del texto.

Releer | TEXTO PRINCIPAL

Responder a la lectura

COLABORA

Responde la siguiente instrucción. Piensa en las palabras que usó el poeta para describir a "El sapo distraído" y las cosas que hace. Consulta tus notas y organizador gráfico.

¿Qué ideas se le ocurrieron al autor de "El sapo distraído" para dar ritmo al poema?

___

___

___

___

___

___

___

___

___

___

___

Acuérdate

Usa estos comienzos de oración para comentar el poema.

El poeta de "El sapo distraído" usa...

El poeta usa palabras que...

Mis lecturas

Conectar lo que estás leyendo con cosas que has visto y sentido te ayuda a comprender la poesía. Elige un poema. Anota en tu cuaderno de escritura el título, y el autor. Mientras lees, haz conexiones con ideas que hayas leído en otros textos o con tu experiencia personal. Escribe tus ideas en el cuaderno.

Releer

LECTURA COMPLEMENTARIA

Adivina, adivinador

¿Cómo el autor usa las ilustraciones para sugerir de qué hablan las adivinanzas?

COLABORA

Coméntalo Mira las ilustraciones de las páginas 150-151. Conversa con un compañero sobre cómo el autor sugiere las respuestas de las adivinanzas.

Cita evidencias ¿Qué claves de la ilustración te ayudan a descubrir de qué van las adivinanzas? Escríbelo en la tabla.

Claves	Inferencia

Escribe El autor sugiere de qué hablan las adivinanzas

____

____

Hacer inferencias

Mira las ilustraciones para hacer inferencias sobre cómo sugieren las respuestas de las adivinanzas.

Releer

LECTURA COMPLEMENTARIA

¿Cómo el autor usa las ilustraciones, personificación e imágenes sensoriales para ayudarte a visualizar las respuestas a las adivinanzas?

COLABORA

Coméntalo Vuelve a leer las adivinanzas de las páginas 150-151. Comenta las palabras que riman y cómo la personificación e imágenes sensoriales te ayudan a visualizar las respuestas a las adivinanzas.

Cita evidencias ¿Qué imágenes sensoriales te ayudan a visualizar las respuestas a las adivinanzas? Busca la evidencia del texto y escribe lo que visualizas.

Adivina adivinador		
Palabras	→	**Visualizo**
	→	
	→	

Escribe El autor usa imágenes sensoriales e ilustraciones para ayudarme a visualizar ______________________________________

____

Acuérdate

Puedo usar estos comienzos de oración para hablar sobre las adivinanzas:

Para que sus adivinanzas sean enigmáticas, el autor...

El lenguaje en las adivinanzas...

Voz

Los poetas usan el lenguaje para darles a sus poemas un ambiente o una personalidad. A eso se le llama *voz*. La aliteración y la rima pueden hacer que la voz de un poema sea graciosa o divertida especialmente cuando se usan de maneras inesperadas. Los poetas escogen palabras que ayudan a los lectores a visualizar eventos o acciones graciosas o divertidas.

De lectores a escritores

Si quieres que tu escritura sea graciosa o divertida, presta atención al modo en que las palabras suenan juntas. La aliteración y la rima pueden agregar humor a tu escritura.

BUSCAR EVIDENCIAS

Vuelve a leer la tercera estrofa de "Adivina, adivinador" de la página 151 de la **Antología de literatura.** El poeta usa la repetición "bailar" y "capa" para darnos pistas de lo que puede y no puede hacer el objeto. La repetición y la rima hacen que la adivinanza sea divertida.

> Para bailar me pongo la capa
> porque sin capa no puedo bailar.

Tu turno Vuelve a leer "Adivina, adivinador" en la página 151.

COLABORA

¿Qué otros recursos usa el poeta para ayudarnos a descubrir de qué objeto trata la adivinanza? ______________________

____

____

Conexiones del texto

¿Cómo te ayudan los poemas y la canción que leíste esta semana a comprender cómo se nos ocurren las ideas?

COLABORA

Coméntalo Lee la canción "Así no, así sí". Conversa con un compañero sobre cómo se nos ocurren las ideas.

Cita evidencias **Encierra en un círculo** las palabras que indican la idea que se le ocurrió al perro de la canción para avisar que quiere jugar. Piensa en cómo se le ocurren las ideas al sapo distraído.

Escribe Los poemas y la canción de esta semana me ayudan a comprender cómo se nos ocurren las ideas porque

____

____

____

____

____

____

____

Acuérdate

Las palabras de la canción te ayudan a comprender por qué el perro cambió el modo de expresarse. Esto te ayudará a compararlo con los otros poemas que leíste esta semana.

Así no, así sí (canción)

Mi perro quiere jugar conmigo.
Rasca la puerta y ladra a viva voz.
(Coro)
Yo me pongo serio y le digo:
"Pídemelo de otro modo. Así no".

Ahora mi perro, tranquilo,
deja un balón junto a mí.
(Coro)
Yo le sonrío y le digo:
"Veo que has aprendido. ¡Así sí!".

Expresión y fraseo

Piensa en las partes divertidas de los poemas que has leído esta semana. Leer un poema con **expresión** hace que sean más divertidos e interesantes. Saber cuando hacer una pausa o cuando continuar la lectura, se llama **fraseo,** lo que permite que los poemas sean más fáciles de entender. La puntuación da pistas al fraseo de un poema.

Acuérdate

Los poemas se escriben a menudo para ser leídos en voz alta. Trata de que tu tono sea igual al tono divertido del poema mientras lees.

Página 147

Era un sapo
verde, morado,
anaranjado,
tornasolado.

Cuando un verso no termina con puntuación, puedes leer el verso siguiente más rápidamente.

Una coma en el medio de un verso muestra que deberías hacer una ligera pausa mientras lees.

COLABORA

Tu turno Vuelve a leer en voz alta "El sapo distraído" en la página 147, turnándote con tu compañero. Presta atención a la puntuación. Observa cómo la aliteración y la rima construyen el ritmo. Trata de expresar los sentimientos del poeta mientras lees el poema. Después piensa en cómo lo hiciste. Completa estas oraciones.

Recordé que ______________________________

____

La próxima vez ______________________________

____

Texto modelo

Antología de literatura, páginas 150-151

Características de la poesía

La poesía es diferente de cualquier otro tipo de escritura. La poesía se enfoca en experiencias, sentimientos e ideas. Un poema de verso libre:

- puede tener cualquier número de versos y estrofas que se agrupan en juegos de líneas.
- no siempre rima.
- usa aliteración, onomatopeya y otros tipos de lenguaje figurado que apela a los sentidos del lector.

gramatiNOTAS

En las páginas 150-151, el poeta usa imágenes sensoriales que apelan a los sentidos. Las palabras *amarillas* y *colorado* expresan una imagen visual relacionada con el color del sol.

Analiza el texto modelo Vuelve a leer "Adivina adivinador" en la página 150 de la **Antología de literatura**. Usa evidencia en el texto para responder a las siguientes preguntas.

¿Cómo usa el poeta el lenguaje figurado?

____

____

¿De qué manera el poeta te ayuda a comprender cuál es la respuesta de la adivinanza?

____

____

Planificar: Elige un tema

Lluvia de ideas Con un compañero, piensa acerca de un momento en que hayas tenido que descubrir algo. Piensa en un plan o un invento y cómo este puede ayudarte a solucionar un problema. Usa estos comienzos de oración:

El problema es ...

Un invento divertido que resolvería el problema es ...

Este invento ...

Instrucción de escritura Elige uno de los planes o ideas para escribir un poema de verso libre.

Escribiré sobre ______________________________

Propósito y público El propósito de un autor es su razón principal para escribir un texto. El público son las personas que lo leerán.

La razón por la que elegí este tópico es ______________________________

____

Quiero que el público sienta ______________________________

____

Planifica En tu cuaderno de escritura, anota todas las ideas que se te ocurran sobre tu invento. ¿Qué problema soluciona? ¿Cómo pensaste en eso? ¿Qué es lo más importante sobre el mismo? Escribe todas las palabras que puedas que te ayuden a describirlo.

Acuérdate

Cuando escribes un poema, estás compartiendo tus ideas. Mientras planificas tu poema, pregúntate: *¿Qué quiero que la gente aprenda sobre mi invento? ¿Qué palabras, frases o patrones rítmicos me ayudarán a compartir mis ideas?*

Planificar: Ideas

Ideas Los poetas usan palabras interesantes y detalles para darle vida a sus ideas, y ayudar a los lectores a hacerse una imagen mental de lo que se describe en el poema. Veamos otro texto modelo. Vuelve a leer estas líneas de "El coloquio de los ratones".

> en medio de un alboroto
> más grande que un maremoto.

La palabra *alboroto* ayuda a los lectores a crear una imagen mental de desorden. ¿Qué otra palabra ayuda a crear esa imagen?

____

____

____

Planificar Dibuja una red de palabras en tu cuaderno de escritura. Escribe el tema del poema en el centro. Luego, escribe palabras que describan las ideas.

Acuérdate

Los poetas usan detalles para describir cómo es algo, cómo se siente, su sabor, olor, o cómo hace sentir a una persona. Usan la aliteración e imágenes sensoriales para que los lectores le presten atención a los detalles.

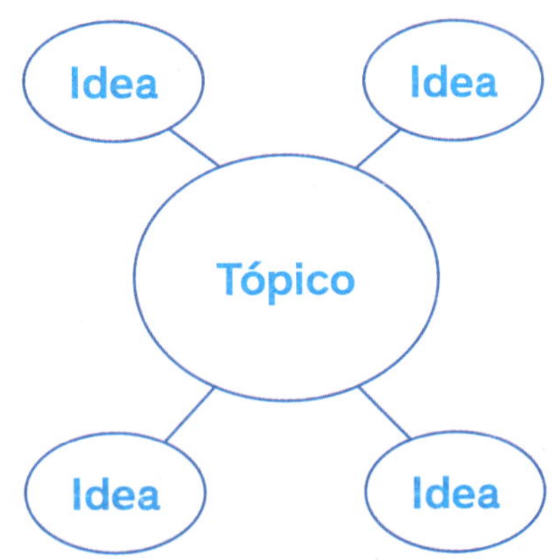

Hacer un borrador

COLABORA

Ritmo y rima Los poetas usan patrones de rima para hacer que los poemas tengan musicalidad. Un poema de verso libre puede no tener rima, pero tiene ritmo, o patrón formado por sílabas tónicas.

En este ejemplo de "El coloquio de los ratones", las dos últimas líneas tienen rima, también tienen ritmo. Puedes oírlo al leer las líneas en voz alta.

Propusieron soluciones
en medio de un alboroto
más grande que un maremoto

Utiliza los dos últimos versos como modelo para escribir cómo solucionaste un problema. Usa rima para crear un ritmo interesante.

____

____

____

____

Haz un borrador Usa la red de palabras para escribir un borrador en tu cuaderno de escritura. Elige palabras que le den musicalidad a tu poema y que le den vida al mismo.

Acuérdate

Recuerda que el borrador es la primera versión de algo que escribes. No te preocupes si no queda perfecto. Luego tendrás tiempo para corregir los errores. Simplemente intenta escribir todas tus ideas.

Revisar

Lenguaje figurado Los poemas suelen incluir lenguaje figurado como el símil e imágenes sensoriales. El símil usa la palabra *como* para comparar dos cosas diferentes. Los poetas usan el símil para ayudar al lector a imaginar lo que lee. El lenguaje figurado hace que lo que escribes sea más interesante.

Lee el siguiente poema. Piensa en las palabras y frases que puedes agregar para que sea más interesante. Luego revisa el poema y agrega lenguaje figurado.

Mis zapatos recorren la ciudad.
Subimos, bajamos y saltamos charcos.
He tenido estos zapatos por mucho tiempo.

Acuérdate

Cuando revises tu poema, asegúrate de que tus ideas sean interesantes de leer. Utiliza ritmo, rima y lenguaje figurado.

Revisión Revisa tu borrador. Asegúrate de elegir palabras que ayuden a los lectores a visualizar las ideas.

Charlas entre compañeros

COLABORA

Revisión del borrador Escucha con atención mientras tu compañero lee su borrador en voz alta. Comenta lo que te gustó. Usa estos comienzos de oración como guía para la charla:

Me gusta esta parte del poema porque puedo ver...

Puedes usar ritmo o rima aquí para...

Usa más lenguaje figurado para hacerme una imagen...

Sugerencias de compañeros Cuando tu compañero haya comentado tu borrador, escribe una de las sugerencias que aplicarás en tu revisión.

____

____

____

____

____

____

Revisión Al finalizar la charla entre compañeros, usa las pautas de Comprobar la presentación para saber qué debes cambiar para mejorar tu poema. Consulta la tabla de la página 191 para ayudarte con tu revisión.

Comprobar la presentación

- ☐ ¿Están mis ideas descritas con claridad?
- ☐ ¿Incluí lenguaje figurado?
- ☐ ¿Hay rima o ritmo en mi poema?
- ☐ ¿Elegí palabras graciosas y memorables?

tecnoNOTAS

Los procesadores de palabras te darán la opción de usar diferentes tipos o estilos de letra. Esta útil herramienta puede hacer que tu escritura sea más descriptiva e interesante de leer.

Corregir

Al corregir tu texto, tienes que buscar errores de ortografía, de puntuación, de uso de mayúsculas y de otros aspectos gramaticales. Lee el borrador al menos tres veces. Esto te ayudará a descubrir los errores. Usa las sugerencias de Comprobar la corrección para corregir tu poema.

Enlace gramatical

Al revisar tu borrador para encontrar errores de puntuación, verifica el uso correcto de los signos de interrogación y exclamación, por ejemplo "¡Lo sometieron a voto!" en "El coloquio de los ratones".

Comprobar la corrección

- ☐ ¿Comienzan todos los versos con mayúscula?
- ☐ ¿Hay un signo de puntuación al final de cada oración?
- ☐ ¿Hay signos de interrogación y exclamación al principio y al final de la oración?
- ☐ ¿Están todas las palabras escritas correctamente?

Escribe dos errores que hayas encontrado al revisar tu texto.

1. ______________________________

____

____

2. ______________________________

____

____

Publicar, presentar y evaluar

Publicación Al publicar tu texto, muestra una copia limpia, clara y sin errores. Si no estás usando una computadora, asegúrate de escribir con una letra clara. Puedes escribir en imprenta o en cursiva.

Presentación Cuando estés listo para presentar tu trabajo, ensaya tu presentación. Como guía, usa las pautas de Comprobar la presentación.

Evaluación Después de publicar tu texto, lee las pautas de evaluación que se muestran abajo para evaluar tu texto.

Comprobar la presentación

- ☐ Mira al público.
- ☐ Habla lentamente y con claridad.
- ☐ Utiliza expresiones que transmitan el tono de tu poema.
- ☐ Haz una pausa al final de los versos o frases.

1. ¿Qué aspectos son satisfactorios? ____

2. ¿Qué partes requieren más trabajo? ____

4	3	2	1
• Uso excelente del lenguaje figurado; las descripciones son vívidas. • Uso excelente de la rima y del ritmo; la escritura es fluida y divertida de leer. • La ortografía y la gramática son correctas.	• Buen uso del lenguaje figurado; las descripciones son claras. • Buen uso de la rima y del ritmo; la escritura suena como un poema. • Hay un error de ortografía o de gramática.	• Algunos usos del lenguaje figurado y de algunas expresiones no son claras. • Se incluyen rimas y ritmo; la escritura es entrecortada. • Hay varios errores de ortografía o de gramática.	• No hay uso de lenguaje figurado. • No hay rima o ritmo; la escritura es difícil de entender. • Hay muchos errores de ortografía o de gramática.

Repaso en espiral

En la Unidad 2 has estudiado destrezas y estrategias que te permitirán convertirte en un lector más crítico. Ahora es momento de poner en práctica lo que aprendiste.

- **Prefijos**
- **Títulos**
- **Volver a leer**
- **Punto de vista del autor**
- **Hacer predicciones**
- **Tema**
- **Punto de vista**
- **Símiles**

Conectar con el contenido

- **Crear un diagrama de Venn**
- **Escribir un anuncio de servicio público**
- **Leer en línea**

Lee la selección y elige la respuesta correcta a cada pregunta.

Solucionar problemas locales

1 Si tienes un problema en tu casa, le pides ayuda a un adulto. Si tienes un problema en la escuela, le pides ayuda al maestro. Pero, ¿qué sucede si tienes un problema en tu comunidad? ¿A quién le pedirías ayuda?

Líderes locales

2 Los gobiernos locales solucionan los problemas de las ciudades o los pueblos. Por lo general, su organización depende de la constitución del estado.

3 En muchas ciudades y pueblos, el responsable del gobierno es el alcalde. El pueblo elige al alcalde mediante una votación. Otras ciudades y pueblos pueden tener un administrador de la ciudad que es designado por el gobierno del estado.

4 Los alcaldes no trabajan solos. Por lo general, los acompaña un grupo de personas conocidas como concejo municipal. Juntos, toman decisiones importantes y resuelven problemas. Los miembros del concejo municipal son electos por el pueblo. El alcalde y el concejo municipal trabajan junto con los policías, los bomberos y los gerentes de parques.

Solucionar problemas

5 Los gobiernos locales tratan asuntos públicos que incluyen desde señales de tránsito y rutas, parques y escuelas, hasta basura y alcantarillado.

6 Los ciudadanos acuden al gobierno local cuando tienen un problema en su comunidad. Por ejemplo, alguien quiere colocar una nueva señal de alto en una esquina cerca de su hogar. Le preocupa que algunas personas manejen muy rápido. O quiere repavimentar la calle porque hay agujeros grandes.

7 Hay muchas formas de hablar de un problema con el gobierno local. El concejo municipal organiza reuniones abiertas al público. Los ciudadanos pueden asistir, escuchar y expresar sus preocupaciones. El alcalde y el concejo municipal analizan los problemas y buscan una solución. Los ciudadanos también pueden escribir cartas. Muchos de los gobiernos locales tienen sitios en internet donde se puede obtener información y contactar al alcalde o al concejo municipal.

8 Los gobiernos locales son un gran recurso para los ciudadanos. Descubre quiénes forman parte de tu gobierno local. Así, si tienes un problema, sabrás a quien contactar.

LO QUE APRENDISTE

1. ¿Qué información puedes obtener del subtítulo "Solucionar problemas"?

   A Cómo se elige al alcalde de una ciudad o un pueblo.

   B Formas de contactar al gobierno local.

   C Definición de concejo municipal.

   D Quién determina las funciones del gobierno local.

2. ¿Cuál es el punto de vista del autor sobre los gobiernos locales?

   F Están integrados por un alcalde y un concejo municipal.

   G Son un gran recurso para los ciudadanos.

   H Solucionan los problemas de los ciudadanos.

   J Tratan con distintos tipos de problemas.

3. ¿Qué significa la palabra repavimentar en el párrafo 6?

   A volver a pavimentar

   B no pavimentar

   C pavimentar antes

   D pavimentar después

4. Vuelve a leer el párrafo 7. ¿Cuál opción NO menciona el autor como una forma de contactar al gobierno local?

   F visitar la página web

   G escribir una carta

   H llamar por teléfono

   J ir a una reunión

Acuérdate

Volver a leer te puede ayudar con palabras y oraciones que no entendiste la primera vez que leíste el pasaje. Esto te ayuda a entender mejor el tópico.

Lee la selección y elige la respuesta correcta a cada pregunta.

Bienvenida

1 El 7 de noviembre de 1929 era un día especial. El MoMA, el Museo de Arte Moderno, abriría sus puertas por primera vez. Se decía que el nuevo museo maravillaría a todos los habitantes de la ciudad con su belleza, sus magníficas obras de arte y los programas para toda la familia.

2 Los abuelos pensaron que sería una buena idea llevar a Manuel y Emilia a la inauguración. Como llegaron temprano, pasearon por los jardines laterales del museo y se detuvieron a comer un bocadillo. Se sentaron en unos cómodos bancos cerca del estanque.

3 Había muchas familias con ganas de conocer la nueva atracción de la ciudad. Había autoridades, periodistas y una banda de música. Manuel y Emilia empezaron a jugar con su balón. En un momento el balón salió desviado hacia un arbusto cercano. Emilia corrió a buscarlo. Sin embargo, una niña de cabello ondulado como las olas del mar sostenía el balón. Junto a la niña había una pareja. Parecían ser sus padres.

4 —¿Quieres jugar con nosotros? —preguntó Emilia.

5 La niña los miró y contestó en un idioma que los hermanos no entendieron. Manuel se acercó.

6 —Hola, ¿cómo te llamas? A mí me dicen Manny —dijo el niño.

LO QUE APRENDISTE

7 La niña continuó hablando con palabras incomprensibles para ellos. Los padres tampoco sabían hablar en inglés.

8 Manuel recordó que había escuchado ese idioma antes. Sus abuelos a veces hablaban entre ellos con palabras parecidas a las de la niña. Ellos eran italianos. Manuel corrió hacia su abuelo. Le pidió ayuda para entender lo que la niña y sus padres decían.

9 —Ella se llama Bianca y no entiende inglés. Acaba de llegar de Italia con sus padres —dijo el abuelo.

10 Emilia le pidió a su abuelo que le preguntara en italiano si quería jugar con ellos. Bianca saltó de felicidad. Aceptó muy contenta.

11 —¡Bienvenida! —dijeron Manuel y Emilia al mismo tiempo.

12 Unos minutos más tarde el museo abrió sus puertas por primera vez. Los niños descubrieron que el arte, como los juegos, no tiene idioma. Bianca, Emilia y Manuel continuaron reuniéndose a jugar al balón en los parques todas las semanas.

13 La inauguración del museo fue el inicio de una hermosa amistad entre los niños y una cálida bienvenida para los nuevos inmigrantes.

1. ¿Por qué Manuel y Emilia fueron al museo ese día?
   - **A** Era el día de la inauguración.
   - **B** Era el cumpleaños del abuelo.
   - **C** Era un día de lluvia.
   - **D** Estaban de vacaciones.

2. En el párrafo 3, el autor usa un símil para describir:
   - **F** el idioma de Bianca.
   - **G** los jardines laterales del museo.
   - **H** el juego con el balón.
   - **J** el cabello de Bianca.

3. ¿Qué oración describe el tema principal de este cuento?
   - **A** A mí me dicen Manny.
   - **B** Bianca saltó de felicidad.
   - **C** Es bueno ser amable y hacer que las personas que recién conocemos se sientan bienvenidas.
   - **D** Unos minutos más tarde el museo abrió sus puertas por primera vez.

4. A partir de la información del cuento, ¿qué es posible que suceda después?
   - **F** Bianca va a hacer muchos amigos.
   - **G** Bianca va a aprender a hablar inglés.
   - **H** La familia de Bianca va a volver a Italia.
   - **J** Bianca no va a ser feliz en Estados Unidos.

Acuérdate

Cuando haces predicciones, usa lo que sabes sobre los personajes y tus propias experiencias para decidir qué es posible que suceda después.

AMPLÍA LO QUE APRENDISTE

COMPARAR GÉNEROS

COLABORA

- Vuelve a leer la ficción histórica *La tienda de mamá y papá* en las páginas 122 a 140 de la **Antología de literatura**, y el poema "El sapo distraído", en las páginas 146 a 148.
- Completa el diagrama de Venn para mostrar en qué se parecen y en qué se diferencian los dos géneros.

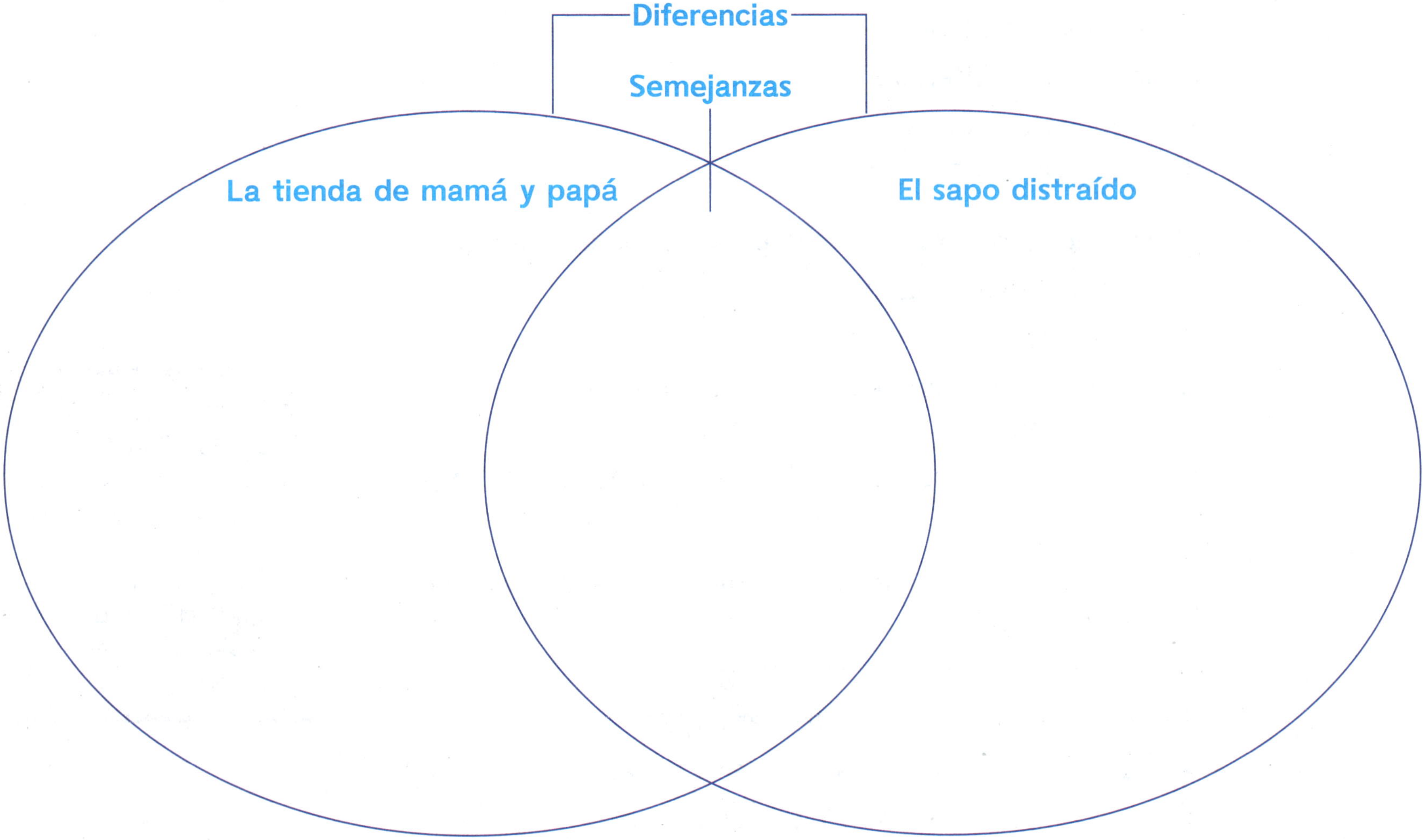

HOMÓGRAFOS

Los homógrafos son palabras que se escriben igual pero tienen diferentes significados. Usa las palabras de la oración como pistas para descubrir el significado de un homógrafo. Puedes buscar los significados de los homógrafos en el diccionario.

Lee las oraciones. La palabra *mango* es un homógrafo. Conversa con un compañero sobre los distintos significados.

Usaré esta cuchara con **mango** de madera para revolver el jugo de **mango** que acabo de preparar.

Escribe aquí el significado de *mango* en cada oración:

Definición 1: ____

____

____

Definición 2: ____

____

____

Blend Images/Image Source

AMPLÍA LO QUE APRENDISTE

CREAR UN DIAGRAMA DE VENN

COLABORA

ESTUDIOS SOCIALES

Un diagrama de Venn muestra en qué se parecen dos cosas y en qué se diferencian.

- Investiga sobre dos servicios que brinda tu gobierno local.
- Piensa en qué se parecen y en qué se diferencian los servicios.
- Crea un diagrama de Venn similar al de la página 198 que muestre las semejanzas y diferencias entre los servicios.

Elegí estos dos servicios porque ______________________________

La diferencia más importante entre los dos servicios es __________

____

ESCRIBIR UN ANUNCIO DE UN SERVICIO PÚBLICO

COLABORA

ESTUDIOS SOCIALES

El anuncio de un servicio público informa sobre una situación.

Escribe un anuncio de un servicio público para convencer a las personas a que ayuden a los nuevos estudiantes en tu escuela.

- Atrae la atención de tu público.
- Usa palabras que convenzan a tu público para actuar.
- Haz tu anuncio preciso y concreto.

Algo que aprendí mientras escribía el anuncio de un servicio

público fue ____

____

UNA BÚSQUEDA PARA AYUDAR A LAS RANAS

CIENCIAS

COLABORA

Los artículos en línea se parecen a los artículos impresos. Tienen texto y elementos interactivos. Identifica dos elementos interactivos en el artículo en línea "Una búsqueda para ayudar a las ranas" y escríbelos debajo. Entra a **my.mheducation.com.**

Time for Kids: "Una búsqueda para ayudar a las ranas"

1 ______________________________

2 ______________________________

Vuelve a leer el artículo y haz clic en los elementos interactivos. Escribe las respuestas a las preguntas debajo.

- Mira el mapa interactivo "Ranas y sapos perdidos y encontrados". ¿Qué especies de sapos se encontraron?

  ____

- De acuerdo con el autor, ¿por qué es importante encontrar sapos perdidos?

  ____

  ____

- Vuelve a leer la sección "Ranas en peligro". ¿Cuáles son las dos razones por las que la población de ranas disminuye?

  ____

  ____

EVALÚA TU PROGRESO

¿QUÉ APRENDÍ?

Lee las pautas de evaluación para calificar tu dominio de las destrezas de esta unidad. Escribe la puntuación en cada destreza.

4	3	2	1
Identifico correctamente todos los ejemplos de esta destreza.	Identifico la mayoría de los ejemplos de esta destreza.	Identifico algunos ejemplos de esta destreza.	Debo trabajar más en esta destreza.

☐ Punto de vista del autor ☐ Tema ☐ Punto de vista

☐ Prefijos ☐ Símiles ☐ Homógrafos

Algo en lo que debo trabajar más es en ______________________

porque ____

____

____

El texto y tú Piensa en los textos que has leído en esta unidad. Elige uno y escribe un párrafo breve en el que expliques una conexión personal que hayas establecido con el texto.

Hice una conexión personal con ___________________________

porque ____

____

Presentar el trabajo

COLABORA

Decide cómo presentarás tu entrevista con un inventor. Usa la lista de Comprobar la presentación mientras practicas tu presentación. Comenta los comienzos de oración a continuación y escribe tus respuestas.

Un dato interesante que aprendí acerca de mi inventor es: ______

______

______

Me gustaría saber más de ______

Otra pregunta que podría hacer es ______

______

Creo que mi presentación estuvo ______

______

Acuérdate

Ensaya frente al espejo cómo mirar al público. También practica el uso de dos tipos de voz, una para el entrevistador que hace las preguntas y otra para la persona que responde.

Comprobar la presentación

- ☐ Practicaré mi entrevista en voz alta.
- ☐ Leeré los hechos con claridad.
- ☐ Alzaré la voz para que todos puedan escucharme.
- ☐ Cambiaré la voz para representar a las dos personas de la entrevista.